High thoughts must have high language.
고결한 생각은 고상한 언어로 표현해 줘야 한다.

– 아리스토텔레스

아이의 튼튼한
공부 기초를 만드는
바탕다지기

한자 어휘 바다지기

박현창 지음

A4 초등3년 이상

에듀인사이트

# 한자 어휘 바탕 다지기 A4

초판 1쇄 발행 2019.5.20.

지은이 박현창 | 펴낸이 한기성 | 펴낸곳 에듀인사이트(인사이트)

기획·편집 신승준, 장원정 | 표지 디자인 오필민 | 본문 디자인 문선희 | 일러스트 나일영 | 인쇄·제본 서정바인텍

베타테스터 권보경(초4), 권보민(초3), 권민재(7세), 김승민(초5), 방도현(초2), 설진헌(초5), 신주환(초4),

윤이준(초3), 이민아(초2), 이연주(초4), 이은채(초5), 이재용(초2), 임민재(초4), 정수인(초4), 조원규(초6),

진현호(초3), 최상호(초4), 최서초(초2), 추승우(초5), 허영재(초3), 황준상(초3)

등록번호 제10-2313호 | 등록일자 2002년 2월 19일 | 주소 서울시 마포구 연남로5길 19-5

전화 02-322-5143 | 팩스 02-3143-5579 | 홈페이지 http://edu.insightbook.co.kr

페이스북 http://www.facebook.com/eduinsightbook | 이메일 edu@insightbook.co.kr

ISBN 978-89-6626-737-8 64710

SET  978-89-6626-719-4

책값은 뒤표지에 있습니다. 잘못 만들어진 책은 바꾸어 드립니다.

정오표는 http://edu.insightbook.co.kr/library에서 확인하실 수 있습니다.

이 책에 실린 사진은 국립고궁박물관, 국립민속박물관, 국립중앙박물관, 서울역사박물관, 위키피디아,

픽사베이, 클립아트코리아에서 제공받았습니다.

# 국어 어휘를 향상시키기 위한 한자어·한자 공부를 제안합니다

3대 취업 자격증 시험 가운데 응시생은 대부분 초등학생인 것이 있습니다. 바로 한자 급수시험(한자 사용능력검정)입니다. 이 시험이 자리 잡게 된 배경에는 **'국어 어휘의 75%가 한자어이다. 한자어는 한자로 이루어져 있다. 따라서 한자를 모르면 국어를 못한다. 공부도 못한다.'**는 다분히 상업적인 논리가 학부모에게 받아들여지기 때문입니다.

국어의 많은 어휘가 한자어인 것은 맞습니다. 한자어가 한자로 이루어진 것 또한 사실입니다. 그렇다고 다짜고짜 '한자부터 익히고 볼 일이다.' 하는 것은 초등학생에게는 매우 불합리한 방법입니다. 초등학생들이 한자어를 모르는 것은 한자를 몰라서가 아니라 국어 어휘를 모르는 것이고, 국어 어휘 교육의 기회와 방법이 부족하기 때문일 것입니다.

아이들에게 '人 사람 [인], 工 장인 [공], 夫 지아비 [부]'라 쓰고 달달 외게 한다고 곧장 '인공 (人工), 인부(人夫)'와 같은 한자어를 연상하기는 어렵습니다. 기존의 한자 교육은 한자를 아는 것이 한자어를 이해하는데 의미 있고 효율적인 것이라 강조하면서도 방법은 구태를 벗어나지 못하고 있습니다.

물론 한자를 배우지 말자는 것은 아닙니다. 국어 어휘력을 늘리는데 한자를 익혀두면 효과적입니다. 다만 한자 교육의 취지를 제대로 인식하고, 초등학생들에게 알맞은 방법이 무엇인지 돌아보자는 것입니다.

초등학생들에게 어떻게 한자어와 한자를 가르치는 것이 효과적일까요? **결론부터 말하면 한자 학습은 한자어 학습을 위한 것이고 국어 어휘력, 나아가 국어 사용 기능을 신장하기 위한 것이 되어야 합니다.** 그래야 비로소 어휘 학습의 질적 개선이 이루어질 수 있습니다.

더 나아가 한자어가 한자로 이루어진다는 사실에만 주목할 것이 아니라 **한국화 된 한자의 특성, 독특한 우리만의 한자 사용법**이 있음을 자각해야 합니다. 중국인에게 '春(춘)'의 뜻이 무엇이냐 물으면, '春夏秋冬(춘하추동)의 춘'이라 말합니다. 그 글자가 쓰인 쉬운 낱말을 들어 설명합니다. 우리처럼 '봄 춘'이라 하여 음과 훈(뜻)을 말하지 않습니다. 바로 이런 게 한국화 되었다는 것입니다. 이것을 한글문화연대 이건범 대표의 표현을 빌리면 **'우리 말소리 가운데는 뜻을 압축하고 번역한 것'**이 한자이고, 한자의 조합이 한자어라는 것입니다. **예컨대 '국수'나 '밀가루'라는 뜻을 압축하고 번역한 것이 '면'이라는 것입니다.** 이 독특한 한자 활용법을 익히는 데 집중하는 것이 한자 어휘를 잘 알게 되는 비결입니다.

아이에게 적합한 한자 학습 방법은 기존의 방법을 거꾸로 하는 것입니다. 오래 전부터 스스로 깨닫지 못했을 뿐이지 부모님 스스로가 해왔던 방법입니다. 즉 '라면, 냉면, 짜장면'의 공통점을 더듬어 보게 해야 합니다. 그런 다음 국수 종류에는 모두 '면'자가 있음을 발견하게 해야 합니다. 아이들은 '면'자가 있는 낱말은 으레 국수 같은 것이겠구나 짐작하겠죠. '가면, 복면, 겉면'처럼 혹은 '먹으면 좋겠다!'처럼 '면'자가 있다고 해서 다 국수가 아님을 깨닫는 시행착오도 겪게 해야 합니다. 그 구분을 위해서 '라면, 냉면, 짜장면'의 면은 '국수 면(麵)'이고 '얼굴 면(面)'과는 다른 한자로 표기한다는 것을 가르쳐야 합니다. 그렇게 낱말들을 지지고 볶으면서 어떤 소리가 어떤 뜻과 짝짓는지 확인하고 잘 갈무리하여 나만의 어휘 그물을 만들어야 합니다. 저는 이렇게 하는 것이 한자어를 제대로 익히는 지름길이라 믿습니다.

『한자 어휘 바탕 다지기』는 초등학생들의 한자어 사용 능력을 제대로 기르기 위한 프로그램입니다. 국어 어휘의 상당 부분을 차지하고 있는 한자어를 능숙하게 마음대로 부려 쓰기를 바라며 기초를 마련하고 다지기를 목표로 합니다.

이 프로그램에서 다루게 될 제재이며 대상이 되는 한자 어휘들은 『등급별 국어교육용 어휘』(김광해 서울대 국어연구소, 2003), 『국립국어연구원 교육용 어휘』 목록을 활용하여 골랐습니다. 여기에 『표준국어대사전』(국립국어원, )과 『초등국어사전』을 두 번째 그물로 써서 다시 골랐습니다.

건져 올린 한자어와 한자들은 주제별로 묶어 재편성했습니다. 아이들의 사회화 과정에 따른 언어 발달 양상에 맞춰, 의미가 구체적인 어휘에서 추상적인 어휘로, 친숙한 어휘에서 낯선 어휘 순으로 늘어놓았습니다.

한자는 가능한 4급(어문회 검정 기준 1,000자) 범위를 벗어나지 않도록 하였습니다. 그러나 아이들이 받아들이기에 충분하고 이 프로그램의 편성 의도와도 맞다고 판단되는 극히 일부 한자의 경우는 4급 한자를 벗어나는 경우도 있습니다. 사용 빈도순으로 만들었다는 급수한자시험의 급수 기준에 애매한 측면이 있기 때문입니다.

한자의 쓰임과 활용 그리고 이 과정을 수행해야 하는 이유나 동기 따위를 상징적이고 신화적인 이야기로 덧입혀 보았습니다. 한글과 한자를 상징하는 캐릭터를 등장시켜 마치 한글과 한자가 '실체와 그림자'의 관계와 같고, 그 주객 관계가 뒤바뀌었다는 것에 착안한 것인데, 아이들에게 국어 공부의 친근함을 주고 싶었던 저의 바람 때문입니다.

모쪼록 이 프로그램이 기존 한자 학습에서는 제시할 수 없었던 아이들의 국어 어휘력 향상에 보탬이 될 수 있기를 희망합니다.

박 현 창

# 한자 어휘를 공부하기 위해 알아둘 것들

## 1. 한자의 훈(뜻) 다루기

한자 교육에서 가장 골머리를 앓고 있는 것이 한자의 대표 훈(뜻)을 정하는 것입니다. 이 프로그램에서 낯설게 느껴지는 학습 내용 대부분은 바로 대표 훈(뜻)의 문제로 비롯되는데 다음과 같은 3가지 문제가 있습니다.

첫째는 훈(뜻)이 현대에서는 비속어로 바뀌거나 거의 사어가 된 것입니다. 대표적인 예로 '놈 자者'가 있습니다. 이를 곧이곧대로 풀어 익히다 보면 문제가 있지요. 예컨대 '저자'를 '글 쓴 놈'이라고 해석하는 곤란한 상황이 발생합니다. 언제부턴가 '계집 녀女'를 '여자 녀女'라고 바꾸어 가르치지만 아직도 대표 훈은 '계집'입니다. 이처럼 대표 훈이 바뀌지 않은 한자가 많은 것이 현실입니다. 이 프로그램에서는 '놈 자'를 '(~하는) 이 자'로 다루고 그에 따른 설명을 하였습니다. '女'는 '여자 녀'로 제시하는 등 현재 우리 감각에 맞도록 풀이했습니다.

둘째는 훈(뜻)이 음과 같은 경우입니다. 동어 반복되는 꼴로서 예를 들면 '법 법法'이나 '쾌할 쾌快' 따위 등이지요. 이 프로그램에서는 일상적으로 많이 쓰이는 낱말을 통해 조금 더 편하게 설명했습니다. '경쾌' '쾌활' 등의 낱말을 통해 '기뻐할 쾌快'로 풀이한 것이지요. 그러나 쾌감(快感:시원한 느낌) 등의 낱말은 '시원할 쾌快'라는 설명을 덧붙여 뉘앙스의 차이도 놓치지 않았습니다.

셋째는, 훈(뜻)이라는 것이 이름에 걸맞지 않게 그 한자가 쓰인 한자어 풀이에 충분하지 않은 경우입니다. 아들 子가 대표적입니다. 사자(獅子)는 '사자 아들'이고, 모자(帽子)는 '쓰개 아들'이라 풀이할 수는 없는 노릇입니다. 그래서 이러한 한자어나 한자들은 상대적으로 많은 지면을 할애해 자원과 함께 다루어 구분하였습니다.

## 2. 한자 쓰기는 최소화

이 프로그램에서 한자 쓰기는 최소화했습니다. 한자 쓰기나 획순은 아이들에게 기억의 수단이나 장치로서 유익함보다는 귀찮고 성가신 것이 되기 일쑤입니다. 그래서 이 프로그램은 한자 쓰기보다 그 의미를 이해하는 데 초점을 맞추었습니다. 획순도 일반적인 획순 익히기가 아니라 한붓그리기 형식까지 도입했습니다. 아이들이 한붓그리기라는 느낌으로 쓰다 보면 한자가 한결 수월하게 느끼리라 기대합니다.

일부 활동에는 이 책의 목표인 급수 시험 4급 범위를 넘어가는 한자들이 종종 나옵니다. 묘하게도 모양이 흡사해서 헷갈리기 딱 좋은 한자들입니다. 해당 단원에서 배우는 한자를 구별해 찾아내라는 의미이지 그 뜻까지 알아내라는 것은 아니니 애써 알려고 할 필요는 없습니다.

# 핵심 한자를 이용한 재밌는 활동으로 아이의 어휘력은 폭풍 성장!

## STEP 1
### 낱말에서 한자 발견하기

인형은 사람 인(人), 모양 형(形)이지요. 인형의 인이 사람이라는 뜻의 인이라는 사실을 발견하는 것, 새로운 한자 학습의 시작입니다.

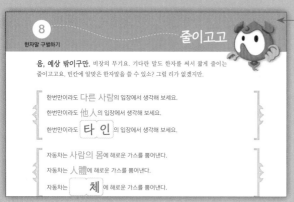

## STEP 2
### 우리말이 압축 번역되는 원리 이해하기

우리말과 한자의 관계를 파악하고, 한자를 사용하면 좀 더 간단하고 압축적으로 표현할 수 있다는 것을 알게 됩니다.

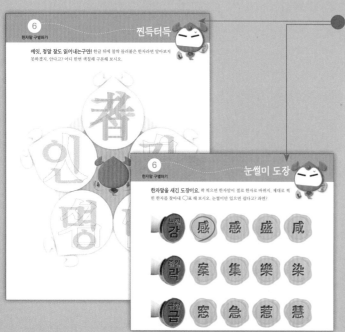

## STEP 3
### 한자 식별하기

한자 학습의 흥미를 떨어뜨리는 것이 무작정 쓰기 방식입니다. 이 책에서는 색칠하고 구별하는 다양한 활동을 제시합니다. 한자를 좀 더 친근하고 쉽게 이해할 수 있습니다.

## STEP 4

### 유사 단어, 틀린 단어 찾기 등으로 어휘 확장

다양한 문장, 장면 속에서 연관 단어들을 함께 제시하였습니다. 비슷한 것끼리 묶거나 틀린 것을 골라내며 어휘력을 높일 수 있습니다.

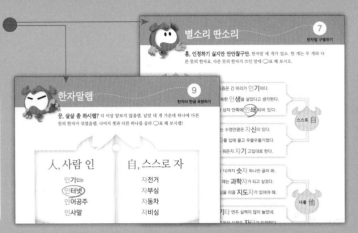

## STEP 5

### 한자의 다양한 갈래를 활용해 어휘 확장

한자의 자원(字源)과 파생된 여러 가지 뜻을 함께 제시했습니다. 한자의 원형과 관련된 뜻을 이해하면 어휘력은 두 배, 세 배로 확장됩니다.

## STEP 6

### 한자도 재밌게 써 보면서 마무리

아이들이 한자를 싫어하는 가장 큰 이유는 무의미한 쓰기 반복 때문입니다. 떼지 않고 그리는 한붓그리기 등으로 놀이하듯 한자를 쓰면서 힘들지 않게 한자를 배울 수 있습니다.

## STEP 7

### 탄탄한 해설은 어휘력 향상의 마침표

새로 나온 단어에 대한 상세한 해설, 연관 단어에 나온 한자에 대한 설명, 자원 해설 등 학습에 필요한 제반 지식을 제공하여 어휘력을 한 단계 높여줍니다.

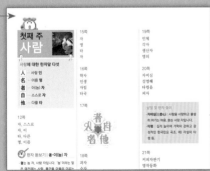

# 책을 받은 친구에게

## 안녕, 난 한글 도깨비 뎅글뎅글이야!

난 한글에 깃들어 사는 도깨비야. 너희가 한글을 읽고 쓸 때마다 늘 함께 있지.

정말이냐고? 글을 죽죽 잘 읽어나가는 소리나 모양을 '뎅글뎅글'이라고 하거든.

그게 다 내 이름에서 나온 말이야.

우리말 가운데는 한자로 이루어진 한자말이 많아. 너희도 뎅글뎅글 읽을 수 있지.

**산, 강, 과자, 연필, 학교, 실내화**처럼.

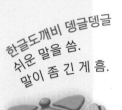

한글도깨비 뎅글뎅글
쉬운 말을 씀.
말이 좀 긴 게 흠.

## 그런데 한글이 한자로 바뀌고 있어!

**山, 江, 菓子, 鉛筆, 學校, 室內靴**로!

길거리의 건물, 가게 간판, 책 표지, 광고, 학용품이나 과자 봉지까지. 한자말이

쓰였다면 작은 물건이건 커다란 건물이건 가리지 않고, 사람들이 다 잠든 한밤중에.

## 한자로 쓰인 말들이 잘 안 보인다고?

어휴, 내가 닥치는 대로 다시 한글로 되돌려 놓기 때문이야. 한글로 되돌리지

않으면 한자가 널리 쓰일 테고, 그럼 한글도깨비인 난 사라져 버릴 수도 있잖아?

그래서 안간힘을 다해 막고 있어.

## 이 고약한 짓은 **한자 도깨비** 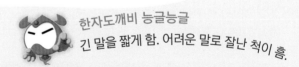 **능글능글**이 벌이는 거야.

능글능글은 한자에 깃들어 사는 도깨비야. 오랫동안 사람들이 한자로 자기 뜻을

나타내는 걸 보고 살았지. 한글이 없을 때 우리말은 한자로 나타냈어.

하늘은 天, 나무는 木, 바람은 風, 이렇게 썼지.

그런데 한글이 만들어졌잖아. '하늘' '나무', '바람'처럼 우리말을 오롯이

한글로 나타낼 수 있었어. 天(하늘)이나 川(냇물)처럼 뜻이 다른 한자도,

踐(밟다), 淺(얕다)처럼 복잡한 한자도 '천'이라고 쉽게 쓸 수 있게 되었지.

한자도깨비 능글능글
긴 말을 짧게 함. 어려운 말로 잘난 척이 흠.

### 능글능글은 걱정이 되었어.

'천'이라고만 쓰면 하늘(天)인지, 1,000(千)인지, 냇물(川)인지 제대로 알 수 있을까?

'모자'라고 하면, 머리에 쓰는 모자(帽子)인지 엄마랑 아들이라는 모자(母子)인지

제대로 알까?

### 제대로 알려준답시고 세상의 한자말을 한자로 바꿔 버린 거야.

"한자를 써야 뜻을 정확하게 알 수 있어. 그래야 세상 만물을 제대로 알고, 내 뜻을

남한테 전하고, 남의 말도 잘 알아듣지."하면서 안달복달이야.

나는 밤이면 밤마다 능글능글이 바꾼 한자를 한글로 바꿨어.

근데 내일 밤이면 능글능글이 또 휙 바꿔버릴 거잖아.

### 도대체 어떻게 능글능글이 이런 짓을 못 하게 하지?

나는 궁리에 궁리를 거듭 했어.

### 한자도깨비를 안심시켜 주면 돼!

우리가 한자도깨비에게 낱말 속 한자의 뜻을 잘 알고 가름할 수 있다고 알려주면 되는 거야.

우리는 천 일이라고 하면 1,000개의 날, 세상'천지'라고 하면 하늘과 땅,

청계'천'이라고 하면 냇물이라는 뜻이라는 걸 알잖아?

한글로도 세상의 일들을 충분히 나타낼 수 있다는 걸 알게 되면 능글능글이는

다시는 너희가 읽은 한자말을 건드리지 않을 거야!

너희가 벌써부터 알고 있는 낱말의 뜻을 곰곰이 생각해 보면 다 알 수 있어.

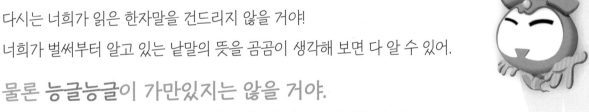

### 물론 능글능글이 가만있지는 않을 거야.

너희가 한자말을 정말로 뎅글뎅글 읽어내는지 따지고 딴지를 걸 거야.

내가 도와줄게. 나는 한글로 세상 모든 것을 나타내는 것을 돕는 도깨비니까.

어때, 나와 함께 나서 보지 않을래?

### 자, 능글능글의 수작을 함께 물리쳐 보자고!

식
食 밥

양
養 기를

화
和 화목할

첫째 주
끼니

음
飮 마실

여
餘 남을

끼니에 대한 능글능글 한자말을
뎅글뎅글 읽어내자.

# 능글능글한 자

**'끼니' 한자말을 찾으러 출발!** 그 전에 몸 좀 풀고 갈까? 주어진 낱말과 뜻풀이에서 공통점을 찾아 빈칸에 써 보자.

**편식**
어떤 음식만
가려서 먹음

**후식**
끼니 후에 먹는
간단한 음식

**생식**
익히지 않고 날로
먹음

모두 이 글자가
들어 있어! ☐

모두 요런 뜻을 품고 있지?
☐ **다**

**영양**
생물이 자신을 기르기
위해 섭취한 양분

**양식**
수산물을 길러서
번식시킴

**양육**
아이를 보살펴
기르고 키움

모두 이 글자가
들어 있어! ☐

모두 요런 뜻을 품고 있지?
☐☐ **다**

**음식**
먹고
마시는 것

**음료**
맛이 있어서
마시는 액체

**시음**
맛을 보려고
마시는 일

모두 이 글자가
들어 있어! ☐

모두 요런 뜻을 품고 있지?
☐☐ **다**

**여력**
다른 일을 할 수
있는 남은 힘

**여운**
가시지 않고 남아
있는 운치

**여분**
필요한 데 쓰고
남은 것

모두 이 글자가
들어 있어! ☐

모두 요런 뜻을 품고 있지?
☐ **다**

**평화**
평온하고
화목함

**불화**
화목하지
못함

**조화**
서로 잘
어울려 화목함

모두 이 글자가
들어 있어! ☐

모두 요런 뜻을 품고 있지?
☐ **하 다**

# 능글능글 엑스 파일

**능글능글이 전통 음식점 광고에 손을 대었네.** 모두 끼니와 관계있는 한자들

이야. 뎅글뎅글 읽어낼 수 있지? 바꿔 놓은 글자를 짐작해 빈칸에 써 봐.

전통 식혜 시飮회

천년 전통의 후食

맛과 영養의 조和

달콤 시원한 餘운

○○년 ○월 ○일~○일

전통 음식점 안다미로

첫째 주 끼니 · 13

**이거 먹고 살기 힘들어질 듯한 느낌이….** 끼니 한자말들에서 같은 글자를 한자로 휙휙 바꿨소. 내가 바꾼 한자를 읽을 수 있소? 안다면 빈칸에 써 보시오.

# 찌찌뽕셈 한자말

**잘도 하는군! 그러나 이건 쉽지 않을 거요.** 같은 말만 찾아내는 찌찌뽕셈
이요. 두 한자말을 견주어 보고, 같은 글자와 그 뜻을 찾아서 식을 완성해 보시오.

( 결식 **缺食** )　　○　　( 식사 **食事** )　　＝　　( 　 **食** )

밥이나 끼니를
거름

밥이나 음식을
먹는 일

( 음식 **飮食** )　　○　　( 시음 **試飮** )　　＝　　( 　 **飮** )

먹고 마시는 것

맛보려고 마심

**다**

( 양봉 **養蜂** )　　○　　( 배양 **培養** )　　＝　　( 　 **養** )

꿀을 얻으려고
벌을 기름

식물이나 미생물을
가꾸어 기름

**다**

( 잔여 **殘餘** )　　○　　( 여타 **餘他** )　　＝　　( 　 **餘** )

남아 있음
또는 그런 나머지

그 밖에
남은 다른 것

**다**

( 불화 **不和** )　　○　　( 인화 **人和** )　　＝　　( 　 **和** )

서로
화합하지 못함

여러 사람이
화합하다

**하 다**

# 소리꼴 도장

**한자 읽는 소리의 비밀이 담긴 소리꼴 도장이요.** 한자 읽는 소리를 까먹을까 만들어 둔 것이지. 글꼴이 다른 것을 찾아 이어 보시오. 소리가 저절로 드러날 거요.

 養 餘 飮에는 모두 밥 食이 들어 있어.

 養 아랫부분이 밥 食인 거 알지?

| | | | | | | | | | |
|養|養|養|養|養|養|養|養|養|養|
|養|養|養|養|養|養|養|養|養|養|
|養|養|養|養|養|養|養|養|養|養|
|養|養|養|養|養|養|養|養|養|養|
|養|養|養|養|養|養|養|養|養|養|
|養|養|養|養|養|養|養|養|養|養|
|養|養|養|養|養|養|養|養|養|養|
|養|養|養|養|養|養|養|養|養|養|
|養|養|養|養|養|養|養|養|養|養|
|養|養|養|養|養|養|養|養|養|養|

| | | | | | | | | | |
|和|和|和|和|和|和|和|和|和|和|
|和|和|和|和|和|和|和|和|和|和|
|和|和|和|和|和|和|和|和|和|和|
|和|和|和|和|和|和|和|和|和|和|
|和|和|和|和|和|和|和|和|和|和|
|和|和|和|和|和|和|和|和|和|和|
|和|和|和|和|和|和|和|和|和|和|
|和|和|和|和|和|和|和|和|和|和|
|和|和|和|和|和|和|和|和|和|和|
|和|和|和|和|和|和|和|和|和|和|

 飠도 모두 밥 食이 변한 거야.

| | | | | | | | | | |
|飮|飮|飮|飮|飮|飮|飮|飮|飮|飮|
|飮|飮|飮|飮|飮|飮|飮|飮|飮|飮|
|飮|飮|飮|飮|飮|飮|飮|飮|飮|飮|
|飮|飮|飮|飮|飮|飮|飮|飮|飮|飮|
|飮|飮|飮|飮|飮|飮|飮|飮|飮|飮|
|飮|飮|飮|飮|飮|飮|飮|飮|飮|飮|
|飮|飮|飮|飮|飮|飮|飮|飮|飮|飮|
|飮|飮|飮|飮|飮|飮|飮|飮|飮|飮|
|飮|飮|飮|飮|飮|飮|飮|飮|飮|飮|
|飮|飮|飮|飮|飮|飮|飮|飮|飮|飮|

| | | | | | | | | | |
|餘|餘|餘|餘|餘|餘|餘|餘|餘|餘|
|餘|餘|餘|餘|餘|餘|餘|餘|餘|餘|
|餘|餘|餘|餘|餘|餘|餘|餘|餘|餘|
|餘|餘|餘|餘|餘|餘|餘|餘|餘|餘|
|餘|餘|餘|餘|餘|餘|餘|餘|餘|餘|
|餘|餘|餘|餘|餘|餘|餘|餘|餘|餘|
|餘|餘|餘|餘|餘|餘|餘|餘|餘|餘|
|餘|餘|餘|餘|餘|餘|餘|餘|餘|餘|
|餘|餘|餘|餘|餘|餘|餘|餘|餘|餘|
|餘|餘|餘|餘|餘|餘|餘|餘|餘|餘|

# 한자 자봐잡스

**내 주전부리 막대사탕 자봐잡스요.** 아무나 그냥 먹을 수는 없다오. 내가 읊는 '뜻과 소리'에 알맞은 것을 골라내야 하오. 아무거니 고르면 쓴맛 좀 보게 될 거요.

밥
식

命 食 合 舍

기를
양

善 着 養 券

마실
음

次 歡 歌 飮

남을
여

餘 除 飮 創

화할
화

私 利 秋 和

# 속 시원한 자이다

속 터질 때 마시는 속 시원한 음료수 '자이다'요! 내보인 한자와 '다른'
뜻의 한자가 쓰인 낱말을 골라 ◯표 해 보시오. 그럼 마실 수 있소.

밥 [식]

올해는
풍년이라 **식량**이
남아돈다.

통에 **식수**를
가득
채웠습니다.

숙제는
**식물** 표본
만들기입니다.

땅에 **양분**이
풍부해 나무가
잘 자란다.

우리 마을은
농사와 **양잠**을 같이
합니다.

흰색 셔츠에
회색 **양복**을
입고 있었어.

기를 [양]

마실 [음]

이 노래는
**음정** 잡기가
어렵네요.

**음주** 뒤,
절대로 운전하지
마세요!

**음료수**로
무얼
마시겠니?

그는 **여가**
시간에 운동을
합니다.

자신이 건강해야
남을 돌볼 **여력**도
생긴다.

이번 **여정**은
부산에서
끝난답니다.

남을 [여]

화할 [화]

우리 이제 그만
싸우고
**화해**합시다.

구름 한 점 없는
**화창**한
날씨이다.

피곤한 탓에
**화장**이
먹질 않는다.

**왼쪽의 긴 말을 한 낱말로 줄일 수 있소?** 낱말을 이루는 '뜻과 소리'를
골라 ◯표 하고, 빈칸에 알맞게 써 보시오. 어렵지요? 못 하겠지요? 으하하하.

**음식**을 만드는 데
**쓰는 기름**

| 기름 | 마실 | 밥 | 쓸 | 기를 |
|------|------|------|------|------|
| 유 | 음 | 식 | 용 | 양 |

| 식 | 용 | 유 |
|---|---|---|

養鷄場

**많은 닭**을 먹여
**기르는 곳**

| 고기 | 닭 | 기를 | 마당 | 기를 |
|------|------|------|------|------|
| 어 | 계 | 육 | 장 | 양 |

| | 계 | |
|---|---|---|

飮食店

**먹고 마실** 거리를
파는 **가게**

| 가게 | 마실 | 밥 | 집 | 바 |
|------|------|------|------|------|
| 점 | 음 | 식 | 실 | 소 |

| | | 점 |
|---|---|---|

餘裕分

**넉넉**하고 **남음**이
있는 **분량**

| 나눌 | 화할 | 남을 | 소 | 넉넉할 |
|------|------|------|------|------|
| 분 | 화 | 여 | 우 | 유 |

| | 유 | 분 |
|---|---|---|

親和力

**친하게 화합**하는
**힘**이나 **기운**

| 화할 | 뻑뻑할 | 느낄 | 힘 | 친할 |
|------|------|------|------|------|
| 화 | 밀 | 감 | 력 | 친 |

| | | 력 |
|---|---|---|

# ○자로 끝나는 말

**또 해냈단 말이오?** 그럼 이번에는 ○자로 끝나는 말로 맞서 봅시다. ○자로 끝나는 말에서, 주어진 한자로 끝나는 낱말을 찾아보시오.

---

밥/먹을 食

| 젖떼기 **이유식** | 신랑신부 **결혼식** | 연락 없어 **무소식** |
| 미지수 X **방정식** | 숨 돌리게 **휴~식** | 예의가 없어 **몰상식** |

---

마실 歡

| 아하 그래 **깨달음** | 홀소리 닿소리 **자모음** | 짧은 홀소리 **단모음** |
| 마셔 볼까 **시~음** | 기분 나빠 **비웃음** | 한자 읽기 **한자음** |

---

기를 養

| 넓고 넓은 **태평양** | 죄인을 멀리 보내 **귀양** | 강아지 **입~양** |
| 바깥 모습 **걸모양** | 동양 서양 **동서양** | 깃발을 높이 **게양** |

---

화할 和

| 우리나라 꽃 **무궁화** | 안 어울려 **부조화** | 밖에선 안 신어 **실내화** |
| 얼굴 그림 **초상화** | 여보세요 **전~화** | 여러 나라 **다문화** |

---

설마, '끼니' 한자에 통달했단 말이오? 그럼 내가 바꾸려는 두 글자 한자 말이 무엇인지 짐작해 써 보시오. 배운 적이 없어도 알 만한 한자말이긴 하지요?

일을 보지 않고 쉬는 것은 **휴무**

한동안 쉬는 시간이나 겨를은 **휴가**

일을 하지 않고 쉬는 날은 **휴일**

그렇다면

**쉬면서 몸을 기름**은

休?
휴

굳게 믿는 마음이나 생각은 **신념**

희망을 버리고 생각하지 않음은 **체념**

눈을 감고 말없이 생각하는 것은 **묵념**

그렇다면

**나머지 다른 생각**은

?念
념

묶인 것을 나눠 푸는 것은 **분해**

아주 풀어내기 어려운 것은 **난해**

어떤 물질을 녹여서 푸는 것은 **용해**

그렇다면

**사이좋게 푸는 것**은

?解
해

마실 거리는 **음료**

술을 마시는 것은 **음주**

익히지 않고 날것으로 먹는 것은 **생식**

여러 가지 가리지 않고 먹는 것은 **잡식**

그렇다면

**먹고 마실 거리**는

? ?

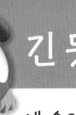

# 긴 뜻 짧은 말

**11**

한자와 한글 호환하기

**내 속이 쓰리오. 댁도 속 좀 쓰려 보시오.** 표시된 긴 말을 한자말 하나로
간단히 바꿔 써 보시오. 글 속에 답이 되는 낱말이 숨어 있지만, 못 찾겠지요?

여보, 오늘 수현이 생일인데 저녁은
**밖에 나가 먹는 게**
어떨까요?

예, 요즘 입맛도
없었는데 모처럼
외식합시다.

저한테 여력이
있으면 그를
돕고 싶어요.

하지만 제게는 **남은 힘**이
전혀 없는데다
내 코가 석 자입니다.

날이 샌 골짜기에는 온갖
산새가 지저귀어 아름다운
화음을 들려주었다.

그야말로 대자연과
자연스럽게
**어울리는 소리**였다.

**술을 마시고** 차를
몰겠다는 것은
생각도 하지 마!

음주 운전으로 죽고 다치는
사람이 얼마나 많은지
알기는 하니?

아이가 없었던 선생님은 천수를 입양했지만
천수는 선생님이 돌아가실 때까지
자신이 **양자로 들여 키운** 자식인 것을 몰랐다

# 같은 소리 다른 뜻

**이거, 예상을 뛰어넘는구만.** 그렇다면 같은 소리 다른 뜻의 한자말도 가릴 수 있소? 주어진 글의 한자말과 '같은 뜻'의 낱말을 골라 ◯표 해 보시오.

곳간에 **양식**이 그득하다.

어느새 먹을 **양식**이 다 떨어졌다.

할아버지는 한식보다 **양식**을 좋아하셔.

응시 원서는 **양식**에 맞게 써 주셔야 해요.

낙엽은 썩어서 나무의 **양분**이 된다.

세상은 빛과 어두움으로 **양분**되었다.

식물은 뿌리로 **양분**을 빨아들입니다.

우리 땅은 남과 북으로 **양분**되어 있습니다.

서로 다른 물건들이 **조화**롭게 놓여 있었다.

**조화**는 시들지 않지만 살아 있는 느낌이 없어.

티셔츠와 바지가 전혀 **조화**가 안 되는 것 같아.

이렇게 만나는 것도 운명의 **조화**가 아니겠니?

저녁 **식사**로 국수를 먹었다.

혜영이는 **식사** 후 딸기를 먹었다.

회장님의 **식사**는 지루하게 이어졌다.

교장 선생님께서 졸업식 **식사**를 하시겠습니다.

# 색 다른 한자 풀이

**어흐흑, 내가 질 것 같아.** 자, 색 다른 한자가 있는 족자요. 색 다른 한자의 뜻과 음을 아시오? 내가 읊조리는 말에 숨은 뜻과 소리를 찾아 ◯표 해 보시오.

범을 길러서 화근을 남긴다는 뜻.

"그렇게 못생긴 강아지를 기를 양 반이 있을까요?"

하는 일 없이 놀고먹는다는 뜻.

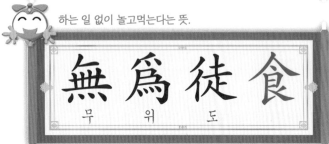

"김치볶음밥 식으면 맛없으니까 어서 먹어."

줏대 없이 남의 의견에 따라 움직인다는 뜻.

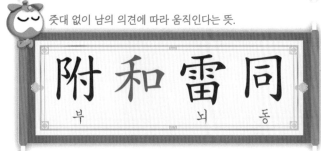

"이따가 전화할 화장품 가게가 어디라고 했니?"

뒤얽혀 복잡해진 사정.

"아마도 기억에 남을 여행이 될 것입니다."

물을 마실 때 물의 근원을 생각한다. 근본을 잊지 않는다는 뜻.

"콜라는 그렇게 마구 마실 음료수가 아니라고 했잖아!"

# 옛사람 한자말

**참 잘하는구만.** 그렇다면 옛사람들이 쓰던 한자말도 한번 보겠소? 빈칸에 알맞은 글자를 써서 한자말을 완성해 보시오.

여러 가지 맛있는 음식을 먹는 것을 즐거움으로 삼는 일.

도락은 재미나 취미로 하는 일

食 道 樂

| | 도 | |

막다른 상황에서 별 수가 없어서 억지로 꾸민 계획.

매우 궁한 나머지 짜낸 계책

窮 餘 之 策

| 궁 | | 지 | 책 |

집안이 화목하면 모든 일이 다 잘 이루어진다는 말.

만사는 만 가지 일. 즉 모든 일

家 和 萬 事 成

| | | 만 | | 성 |

# 획획한자

**잘했어!** 앞에서 읽어낸 한자는 능글능글이 더 이상 손대지 못할 거야. 한자의 뜻 과 소리를 외면서 한자를 획획 쓰면 확실히 그렇게 되지.

丿 𠆢 人 今 今 食 食 食

食 食 食

밥
식

食는 밥 食이 변한 거야.

丿 𠆢 人 今 今 食 食 食 食 飲 飲 飲

飲 飲 飲

마실
음

食자는 쓸 수 있지?

丷 𦍌 美 美 美 养 养 養

養 養 養

기를
양

食 𠂊 飠 飠 飦 飰 餘 餘

餘 餘 餘

남을
여

丿 二 千 禾 禾 和 和 和

和 和 和

화할
화

곡

穀 곡식

然 그럴
연

果 열매 과

둘째 주
먹거리

味 맛
미

粉 가루
분

먹거리에 대한 능글능글 한자말을
뎅글뎅글 읽어내자.

# 능글능글 한자 튀김

**'먹거리' 한자말을 찾으러 가기 전에 한자말 튀김 한 입 먹어 볼까?**
세 한자말을 살펴보고, 한자말에 공통으로 들어 있는 글자를 찾아 빈칸에 써 봐.

 곡물 — 쌀 보리 따위 곡식의 낟알
 탈곡 — 곡식의 낟알을 털어내는 것
 잡곡 — 쌀 이외의 여러 가지 곡식
 곡식

 열매
 결과 — 열매를 맺음 / 어떤 까닭 때문에 생긴 일
 효과 — 보람으로 나타나는 좋은 열매 맺음
 성과 — 이루어 낸 열매, 결실

 분유 — 우유에서 물기를 없앤 가루
 분진 — 공기 중에 섞인 돌가루와 먼지
 분쇄 — 가루가 되도록 부스러뜨림
 가루

 맛
 음미 — 즐기면서 맛을 봄
 구미 — 먹고 싶은 마음이나 입맛
 별미 — 특별한 맛이 있는 음식

 자연 — 저절로 그러한 것
 필연 — 반드시 그러할 수밖에 없음
 당연 — 마땅히 그러함
 그러할

**능글능글이 어느 신문 기사에 손을 대었어.** 한자말에서 어떤 글자를 한 사로 휙휙 바꿔버렸네? 바꿔 놓은 한자를 뎅글뎅글 읽어서 한글로 써 봐.

## '곡우(穀雨)'의 전설

곡우는 24절기의 여섯 번째 절기, 4월 20일 무렵에 해당한다.

이 때 味는 '뜻'이라는 말이야.

곡우의 의味는 봄비가 내려 오穀을 기름지게 한다는 뜻이다.

이 무렵 자然은 농사짓기 좋은 때로 변하는데 그래서 못자리를

마련하는 것부터 해서 본격적으로 농사를 시작하는 때라는 뜻이다.

한편 사람이 글자를 만들어내자 이 때문에 거짓과 속임이

생기고 농사를 짓지 않을까 두려워서 하늘이 곡식의

비를 내렸다는 데에서 그 이름이 비롯되었다는 전설도 있다.

게다가 곡우에 비가 내리기라도 하면 농사에 좋지 않다고

믿기도 했다니, 果연 어느 전설이 더 맞는 것일까.

# 한자말 단지

**어렵지 않았다고?** 흥! 먹거리 한자말이 들어 있는 단지요. 바꿔 놓은 한자를 읽을 수 있겠소? 빈칸에 알맞은 말을 써서 잡숴 보시든가.

**알穀**
쭉정이가 섞이지
않은 곡식

**穀물**
여러 곡식을 통틀어
이르는 말

**양穀**
양식, 식량으로
쓰는 곡식

**果즙**
과일에서 짜낸 즙

**견果**
딱딱한 껍데기에
싸인 열매

**사果**
백설공주가
먹은 과일

**粉식**
밀가루로
만든 음식

**粉유**
우유를 말려
가루로 만든 것

**전粉**
녹말가루

**味각**
맛을 느끼는 감각

**진味**
아주 맛좋은 음식

**가味**
맛을 넣거나 더함

**단然**
두드러지고
뚜렷하게

**본然**
본래 그대로의
모습

**돌然**
갑자기, 별안간

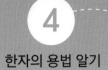

# 뜻 품은 한자말

**누워서 떡 먹기였다고?** 그렇다면, 같은 소리가 있는 낱말들이오. 소리는 같아도 뜻은 다르지. 주어진 뜻을 품고 있는 한자말을 골라 ◯표 해 보시오.

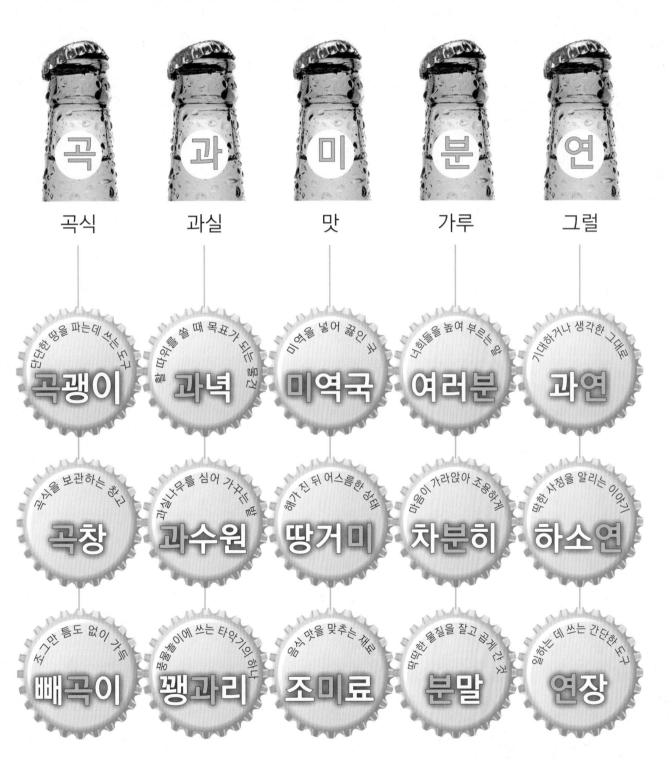

곡식 | 과실 | 맛 | 가루 | 그럴

단단한 땅을 파는데 쓰는 도구
**곡괭이**

화살을 쏠 때 목표가 되는 물건
**과녁**

미역을 넣어 끓인 국
**미역국**

너희들을 높여 부르는 말
**여러분**

기대하거나 생각한 그대로
**과연**

곡식을 보관하는 창고
**곡창**

과실나무를 심어 가꾸는 밭
**과수원**

해가 진 뒤 어스름한 상태
**땅거미**

마음이 가라앉아 조용하게
**차분히**

딱한 사정을 알리는 이야기
**하소연**

조그만 틈도 없이 가득
**빼곡이**

풍물놀이에 쓰는 타악기의 하나
**꽹과리**

음식 맛을 맞추는 재료
**조미료**

딱딱한 물질을 잘고 곱게 간 것
**분말**

일하는 데 쓰는 간단한 도구
**연장**

# 한자말 화학식

한자와 한글 관계 발견하기

**정신이 번쩍 드는구만!** 한자말 짜임새도 알아보겠소? 한자말 화학식이오. 빈 칸에 알맞은 말을 써 넣어 보시오.

脱 벗을　機 틀　벗을 탈　틀 기　脱 탈　機 기

탈 □ 기 = 脫 穀 機 = 벗을 곡식 틀 =

穀 곡식　　곡식 곡　　　穀 곡

곡식의 낟알을 털어내는 데 쓰는 기계

靑 푸를　物 물건　푸를 청　물건 물　靑 청　物 물

청 □ 물 = 靑 果 物 = 푸를 과일 물건 =

果 과일　　과일 과　　　果 과

신선한 과일과 채소

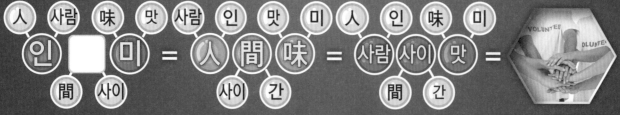

粉 가루　店 가게　가루 분　가게 점　粉 분　店 점

분 □ 점 = 粉 食 店 = 가루 먹을 가게 =

食 먹을　　먹을 식　　　食 식

떡볶이, 국수 등 밀가루 음식을 파는 가게

人 사람　味 맛　사람 인　맛 미　人 인　味 미

인 □ 미 = 人 間 味 = 사람 사이 맛 =

間 사이　　사이 간　　　間 간

사람다운 따뜻한 느낌

自 스스로　石 돌　스스로 자　돌 석　自 자　石 석

자 □ 석 = 自 然 石 = 스스로 그럴 돌 =

然 그럴　　그럴 연　　　然 연

사람이 가공하지 않은 자연 그대로의 돌

# 카페자떼

**타임, 타임!** 카페라떼 아니 카페자떼 한 잔 하고 가야겠소. 내보인 뜻과 소리에 '맞는' 글자를 골라 보시오. 아니면 쓴맛을 보게 될 기요.

| | | | | |
|---|---|---|---|---|
| 그럴 **연** | 烈 | 黑 | 無 | 然 |
| 곡식 **곡** | 殺 | 段 | 穀 | 說 |
| 맛 **미** | 和 | 味 | 呼 | 未 |
| 열매 **과** | 男 | 異 | 果 | 思 |
| 가루 **분** | 料 | 精 | 糧 | 粉 |

# 한자말 초콜릿

**입맛이 쓰군, 달달한 한자말 초콜릿이나 먹을까.** 뭐, 이것도 뺏어 드실 참이오?

어디 주어진 한자가 쓰이지 '않은' 낱말을 찾아보시오. 못 찾으면? 쓴맛을 보겠지, 뭐.

| 곡식 穀 | 굽은 선 곡선 | 여러 곡식 잡곡 | 낱알들 곡물 |
| 과일 果 | 과일 깎는 칼 과도 | 주스 과즙 | 지나친 말 과언 |
| 가루 粉 | 녹말 전분 | 마음, 느낌 기분 | 곡식을 빻아 제분 |
| 맛 味 | 방긋 웃어 미소 | 입맛 구미 | 혀로 느껴 미각 |
| 그럴 然 | 반드시 그래 필연 | 마땅히 그렇지 당연 | 피우지마 금연 |

줄이고고

**속 쓰려!** 왼쪽의 긴 말을 한자말 하나로 줄일 수 있소? 낱말을 이루는 '뜻과 소리'
를 골라 ◯표 하고, 빈칸에 알맞게 써 보시오. 어렵지요? 못 하겠지요? 으하하하.

사람이 손대지 않은
**하늘**이 빚은 대로
**그러한 빛깔**

천

곡식 따위를 **가루**로
**만드는** 일을
하는 **곳**, 방앗간

제

설탕, 물엿 등
음식에 **달달한 맛**을
내는 데 쓰는 **재료**

감    료

**다섯** 가지 **곡식**과
**백** 가지의 **열매**,
곧 온갖 곡식과 과실

오    백

# ○자로 끝나는 말은

**쳇, 배부르겠소.** '○자로 끝나는 말은' 노래도 부를 수 있소? ○자로 끝나는 말 가운데 주어진 한자로 끝나는 것을 찾아 ○표 해 보시옷!

**곡** 곡 곡식 穀 으로 끝나는 말은

전주곡

애창곡

주제곡

오~곡

**과** 과 과일 果 로 끝나는 말은

무화과

소아과

피부과

통~과

**분** 분 가루 粉 으로 끝나는 말은

대부분

자양분

명~분

소맥분

**연** 연 그럴 然 으로 끝나는 말은

하소연

축하연

대자연

인~연

**미** 미 맛 味 로 끝나는 말은

시치미

무의미

눈썰미

올가미

으윽, 둘을 알면 하나는 거저 얻는 '2+1 한자말'이요. 주어진 낱말에서 글자 하나씩을 떼어 다른 글자와 어울리게 써 보시오. 새로운 낱말이 무언지 알겠소?

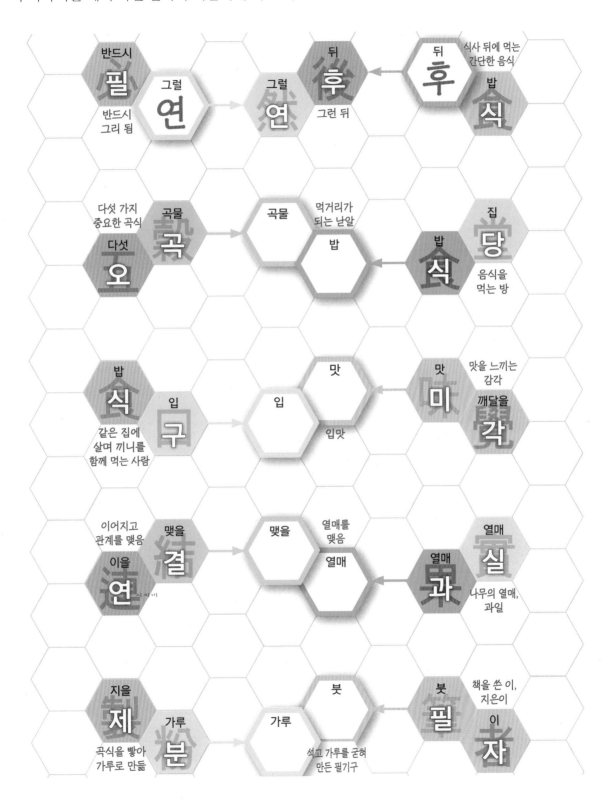

# 엎치나 메치나

**잘도 해내는구만!** 그럼 왼쪽 글에 표시된 낱말을 한자말로 바꿀 수도 있소? 오른쪽 글에 답이 되는 낱말이 숨어 있소. 찾아서 빈칸에 써 보시오.

풍년이 들었어도
**양식으로 쓸 곡식**이
많이 부족하다고 합니다.

쌀 천 석을 내어
가난한 이들에게 양곡으로
나누어 주도록 하라.

상대방의 트집으로 회의는
**갑작스럽고 급하게**
취소되었습니다.

세상에 그런 하찮은
이유로 이렇게 돌연 취소하는
경우가 어딨나!

그곳 공기 속에는
매연과 **티끌과 먼지**가
섞여 있었다.

그곳에 사는 이들이
폐가 좋지 않은 것도
그 분진 때문일 거야.

그 선배 말이야, **마음씨와**
**버릇**이 괴팍하다고
소문이 나 있어.

말도 마, 그렇게
까다롭고 별난 성미는
처음 보았어.

글쎄, 좋다는 약은 다 먹어
보았지만 별 **보람이나**
**좋은 결과**가 없어.

운동을 꾸준히 하는 게 어때?
나는 분명히
효과를 보았어.

# 먹거리 골칫거리

**으허헉, 이럴 수가.** 좋소, 다 잡수신 먹거리를 골칫거리로 만들어 주겠소. 소리는
같아도 뜻은 다른 낱말들이오. 주어진 한자가 쓰인 낱말에 ◯표 해 보시오.

**곡류**는 탄수화물이 아주 풍부한
식품입니다.

이 하천은 저 산골짜기에서
**곡류**하여 서쪽으로 흐른다.

그 아이의 두 뺨은
**사과**처럼 붉었다.

나에게 실수한 일에 대해
그는 한마디 **사과**도 없었다.

잘 담그고 알맞게 익은 김치는
언제 먹어도 **구미**를 돋운다.

그는 젊은 시절 **구미**의
여러 나라를 돌아다녔다.

왜 **공연**한 걱정을 하는지
모르겠다.

그는 이번 연극에서 중국 배우와
**공연**하기로 했다.

**이리 잘 하면, 난 뭘 먹고 사나!** 그렇다면 한자말 섞어지게요. 습관적으로 쓰는 네 글자 한자말을 뒤죽박죽 섞어 놓았소. 제대로 바로잡아 빈칸에 써 보시옷!

올가을도 여느 해와 같이 **오백곡과**가 풍성하다.

| 五穀白果 | 온갖 곡식과 과일 | | | 백 | |

그들은 유전자 **돌이변연**에 대한 연구를 하고 있다.

| 突然變異 | 난데없이 갑자기 변하고 바뀐 것 | 돌 | | | |

뭔가 새로운 일로 이 **무조건미**한 생활을 벗어나고 싶다.

| 無味乾燥 | 재미나 맛이 없이 메마름 | | | 건 | |

형제들은 자기들끼리 **장미심의**한 눈빛을 주고받았다.

| 意味深長 | 뜻이 아주 깊고 깊음 | | | 심 | |

이 가마터는 주로 **기분사청**을 생산하던 곳이었습니다.

| 粉靑沙器 | 회색 흙 위에 흰 흙가루를 발라 구운 자기 | | | 사 | |

**참 잘도 하는구만.** 그럼 옛사람들이 쓰던 한자말도 잘 알아보겠구냐. 빈칸에 알맞은 글자를 써서, 먹거리 한자말을 홀랑 드셔 보시구냐.

숨김이나 거리낌 없이 그대로 드러나 있는 비밀. 비밀이 아니지?

공공公公은 다 드러났다는 말

公公然한

공 공 □ 한  비밀

넘쳐흐를 정도로 흥미가 매우 많다는 말!

진진은 (재미가) 아주 많다는 뜻

興味津津한

흥 □ 진 진 한  이야기

다른 불행한 일과 비교하면 그 정도는 아무 것도 아니라는 뜻.

약과는 부드러워 노인도 쉽게 먹지

藥果

그에 비하면 나는  약 □ 다.

**먹거리 한자 맛있지?** 앞에서 읽어낸 한자는 능글능글이 더 이상 손대지 못할 거야. 한자의 뜻과 소리를 외면서 한자를 획획 쓰면 확실히 그렇게 되지.

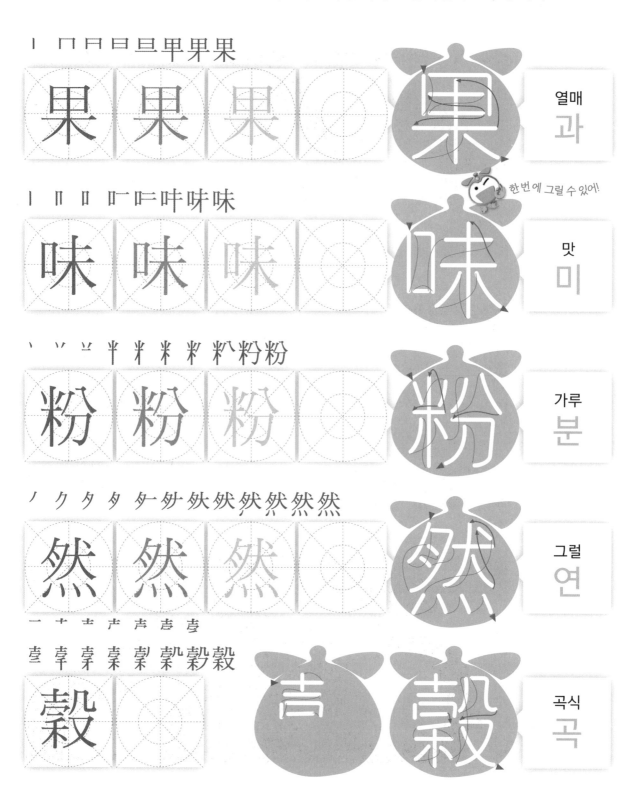

丨 冂 日 日 旦 甲 杲 果

果 果 果

열매
과

丨 口 口 叮 咔 咔 咔 味

味 味 味

맛
미

丶 丷 半 半 半 籵 籵 粉 粉

粉 粉 粉

가루
분

丿 ク タ タ タ 妖 然 然 然 然 然 然

然 然 然

그럴
연

一 十 吉 声 声 吉 壴
壴 壹 壴 嵩 嵩 嵩 穀 穀

穀

곡식
곡

한번에 그릴 수 있어!

의
# 衣 옷

착 着 붙을

裝 꾸밀 장

셋째 주
옷 하나

服 옷
복

帶 띠
대

옷에 대한 능글능글 한자말을
뎅글뎅글 읽어내자.

능글능글 사건 현장으로 가기 전에 준비하시옷! 주어진 낱말과 뜻풀이에서 공통점을 찾아 빈칸에 써 보시옷!

내의
속옷

우의
비옷

의류
옷가지

☐ 란 글자가 있어.

☐ 이란 뜻이 있어.

한복
우리나라 옷

동복
겨울옷

복장
옷차림

☐ 이란 글자가 있어.

☐ 이란 뜻이 있어.

가장
태도를 거짓으로 꾸밈

위장
거짓으로 꾸밈

변장
모양을 다르게 꾸밈

☐ 이란 글자가 있어.

☐☐ 이란 뜻이 있어.

붕대
상처를 싸는 소독한 헝겊 띠

안대
눈병 난 눈을 보호하는 띠

유대
서로 연결하는 끈과 띠

☐ 란 글자가 있어.

☐ 란 뜻이 있어.

접착
이어져 붙음

부착
달거나 붙음

밀착
빈틈없이 단단히 붙음

☐ 이란 글자가 있어.

☐☐ 이란 뜻이 있어.

**능글능글이 홈쇼핑 방송에 손을 대었어.** 능글능글 홈쇼핑이라나?
방송 자막의 몇 글자를 한지로 슬쩍 비꿔 버렸네. 바뀐 글자를 짐작해 빈간에 써 줘.

롱패딩 전문 브랜드
백衣민족 ☐

겨울철 동服 이거 하나면 끝! ☐

세련된 裝식 ☐

입는 순간 열帶에 온 느낌 ☐

선着순 100명 ☐

특별 한정 판매
절대 놓칠 수 없는 기회
자동 주문 전화 080-15○○-○○○○

흥! 팔려고 내놓은 모자들이오. 모자의 글자를 슬쩍 한자로 바꿔 놓았지. 어떤
글자인지 안다면 빈칸에 써 보시오. 못 하면 모자 대신 바가지를 쓰는 거지, 뭐.

옷가지
衣복

바지, 치마
하衣

윗도리
상衣

군인들의 옷
군服

서양식 옷
양服

학교에서 학생들이 입는 옷
교服

겉모양을 아름답게 꾸밈
裝식

본래 모습이 아니게 거짓으로 꾸밈
위裝

배우가 등장인물에 어울리게 차림새를 꾸밈
분裝

이어 붙음
접着

물건 등이 굳게 들러붙음
고着

빈틈없이 단단히 붙음
밀着

가죽으로 만든 띠
혁帶

눈을 보호하는 띠
안帶

물건의 가장 싼 값~비싼 값 사이의 범위, 띠
가격帶

**진정 야무진 것이요?** 믿을 수가 없군. 나는 아무 말이나 한자로 바꾸지 않소. 어떤 뜻을 품고 있는 글자만 바꾸지. 주어진 뜻을 품고 있는 낱말을 골라 ◯표 해 보시오.

옷 의
衣 · 의류 · 거의 · 결의

옷 복
服 · 복숭아 · 복판 · 도복

꾸밀 장
裝 · 장신구 · 장마 · 장난감

붙을 착
着 · 착착 · 착륙 · 착하다

띠 대
帶 · 빈대떡 · 안대 · 무대

# 한자말 뜨개질

**난감하군! 한자말 짜임새도 아시려나?** 한자말 뜨개질이요. 실로 짠 한자와
뜻풀이를 살펴보고, 빈칸에 알맞은 한자의 소리를 써 보시오.

흰백 白衣 흰 빛깔의 옷 옷 ☐

여름 하 夏服 여름철에 입는 옷 옷 ☐

변할 변 變裝 옷차림, 모습을 본래와 다르게 바꿈 꾸밀 ☐

줄 부 付着 붙어서 떨어지지 않음. 매달림 붙을 ☐

눈 안 眼帶 눈을 보호하는 띠 띠 ☐

# 능글 한자 수건

**헉, 식은땀이! 샤워를 해야겠소.** 내가 바꾸려는 한자의 뜻과 소리를 수건에 붙였소. 수건 더미에서 뜻과 소리에 '맞는' 한자를 골라내 보시오. 땀 좀 날 거요.

| 옷 의 | 交 | 夜 | 文 | 衣 |
| 꾸밀 장 | 製 | 裝 | 壯 | 將 |
| 붙을 착 | 着 | 省 | 看 | 督 |
| 띠 대 | 席 | 布 | 帶 | 帝 |
| 옷 복 | 胞 | 服 | 脈 | 腸 |

**숨이 턱 막히는구만.** 에잇, 숨이 턱 막힐 능글 목도리요. 소리는 같아도 뜻이 다른 한자가 쓰인 낱말이 있소. 주어진 한자가 쓰이지 '않은' 낱말을 골라 ◯표 해 보시옷!

**내의** 몇 벌과 세면도구를 챙겨 여행을 떠났다.

친구로서 **의리**를 지키는 것은 당연하지.

**의식주**는 사람이 생활하는 데 기본이 되는 것이다.

옷 衣

꾸밀 裝

설레는 마음을 가다듬고 약속 **장소**로 나갔다.

손님을 맞기 위해 넓은 홀을 꽃으로 **장식**했다.

이모는 출근 첫날에 **정장**을 입고 나갔습니다.

얘들아, **체육복**으로 갈아입고 운동장으로 나와.

**교복**을 입은 학생들이 재잘거리며 지나간다.

방과 후 집에 가서 오늘 배운 것을 **복습**하세요.

옷 服

붙을 着

이 풀은 **접착**이 잘 되지 않아요.

주스가 쏟아져 흰 티가 노랗게 **착색**되었다.

미안, 약속한 날이 내일이라고 **착각**했어.

병원에 갔더니 다친 곳에 **붕대**를 감아 주었다.

비가 많이 내려 마을 사람들은 높은 **지대**로 피했다.

이번 승리는 정말 **기대** 밖의 일이었어.

띠 帶

# 긴말짧게

**끄응, 또 이겼구려···.** 에이, 긴말을 한자말로 짧게 바꾸는 '긴말짧게'요. 녀석
이 잘라먹고 감춘 한지말이 무엇인지 빈간에 써 보시오.

옷 **衣 裳** 치마 [상]   제대로 차려입는 겉옷과 아래옷

그 가수는 화려한 무대 ⬜⬜ 으로 시청자들의 눈길을 끌고 있다.

큰 바다 [양] **洋 服** 옷   서양식으로 만든 옷

저기, 이 넥타이 색과 ⬜⬜ 색이 어울리는지 한번 봐 주세요.

빨 [흡] **吸 着** 붙을   어떤 물질이 빨려 달라붙음

이 마스크는 먼지를 ⬜⬜ 하는 기능이 아주 뛰어납니다.

가죽 [혁] **革 帶** 띠   가죽으로 만든 허리띠

자꾸 흘러내리려는 허리를 ⬜⬜ 로 졸라매었다.

쌀 [포] **包 裝** 장식할   겉으로만 그럴듯하게 싸서 꾸밈

실속 없이 ⬜⬜ 만 번지르르한 물건도 아주 많습니다.

이런, 다들 쉽다고 **복닥복닥**거리다니! 그럼, '옷 服'을 제대로 아나 봅시다.
마인드맵을 살펴보고, 服의 여러 뜻을 빈칸에 써 보시오.

다른 나라 백성을 배에 태워
노예로 끌고 가는 모습을
본뜬 글자

노예로 잡혀 온 사람들의 옷이나 차림새가
달라 '옷', 또는 '입다'는 뜻

다

노예는 주인에게 따라야만
하니까, '따르다'를 뜻하게 됨

약 을 [    ]

약을 '먹어' 병을 다스림은 노예를
다스림과 같다고 생각해서

하 다

노예가 되면 고된 일을 해야 하니까
'일하다'를 뜻하게 됨

능글 服불服

**복장이 터지는구만!** '服'자를 정말 다 안단 말이요? 그럼 하고 많은 服자 낱말 가운데 주어진 뜻으로 쓰인 낱말을 골라 ◯표 해 보시오. 복불복이라고?

옷

그 주방장은 청결한 느낌을 주는 하얀 **제복**을 입고 있었다.

남들은 자유를 좋아한다지만 저는 **복종**을 좋아해요.

하루 세 번 식후에 이 약을 **복용**하세요.

일하다

그 선수는 심판의 판정에 끝내 **승복**할 수 없었다.

큰 형은 군인으로 **복역**을 마치고 드디어 제대하였다.

**작업복**이 기름에 찌들어서 때가 잘 빠지지 않는다.

따르다

**하복**을 입기엔 아직 날씨가 쌀쌀하다.

모든 신하들은 왕의 말에 **복종**하였다

바둑이가 전선의 **피복**을 마구 벗겨 놓았다.

약을
먹다

의사는 수진이에게 주사를 놓고 **내복약**도 주었다.

민준이는 뛰어난 순발력을 발휘하여 위기를 **극복**했다.

그들은 마침내 적에게 **항복**을 받아 냈다.

# 능글능글 래퍼

**옷 마이 갓!** 에잇, 한자말 랩을 벌여 봅시다. 운으로 삼은 한자가 '들어 있는' 낱말을 골라 ◯표 해 보시구랴. 한자를 모르겠다고? 뜻을 생각해 보슈!

衣

오늘 오후 일기예보 폭우 **주**의

잡혀있네 하필이면 외부 **회**의

우산 없이 덮어썼네 노랑 **우**의

裝

치마저고리 차려입어 한복 **정**장

기웃기웃 구경한다 전통 **시**장

오토바이 물 튀기네 아주 **환**장

服

검정색 롱패딩 학생들 겨울 **교**복

까마귀 떼 같아도 함께 있어 **행**복

남다른 것 좀 입으셔 개성 **회**복

着

때마침 색다른 아이템 세일 기회 **포**착

그래도 끝까지 참 안 바뀌네 **악**착

그거 아니 그게 바로 쓸데없는 **집**착

帶

왕따 당할까 겁난다고 단체로 **반**대

딱한데 얘네들 이상한 **공감**대

언젠가는 달라지겠지 걸어보는 **기**대

S w a g !

西倭居!

스 웨 그
西倭居!
서 왜 거

# 하나 알면 둘을

**하나를 알면 둘을 깨치는 거요?** 그럼 내가 한자로 바꾸려는 낱말이 무엇
인지 써 보시오. 안 배운 한자기 있다고? 못 하면 둘 다 모르게 되겠지, 뭐.

하늘을 지키는 군인은 **공군**

땅을 지키는 군인은 **육군**

군대를 지휘하는 군인은 **장군**

그렇다면

군대에서 군인들이 입는 옷은

미리 마련하여 갖추는 것은 **준비**

필요한 것을 베풀어서 갖추는 것은 **설비**

빠짐없이 다 갖추는 것은 **구비**

그렇다면

어떤 일을 하려고 미리 갖추는 것은

눈을 치료하는 병원은 **안과**

눈병을 고치는 데 쓰는 약은 **안약**

눈을 잘 보이게 하려고 쓰는 기구는 **안경**

그렇다면

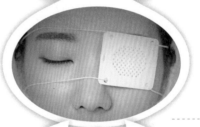

아픈 눈을 보호하는 천으로 만든 띠는

빛깔이 바래지는 것은 **퇴색**

빛깔을 물들이는 것은 **염색**

빛깔이 특별히 다른 것은 **특색**

그렇다면

어떤 빛깔을 묻히고 붙이는 것은

물고기 갖가지 무리는 **어류**

곡식의 갖가지 무리는 **곡류**

새의 갖가지 무리는 **조류**

그렇다면

옷의 갖가지 무리는

# 말 옮겨 쓰기

**옷에 대한 한자말을 빼앗기니 춥구만.** 이건 내가 쓰던 원고요. 왼쪽 글의 { } 부분을 간단히 바꿔 쓸 수 있소? 오른쪽에서 답이 되는 말을 찾아 ◯표 해 보시오.

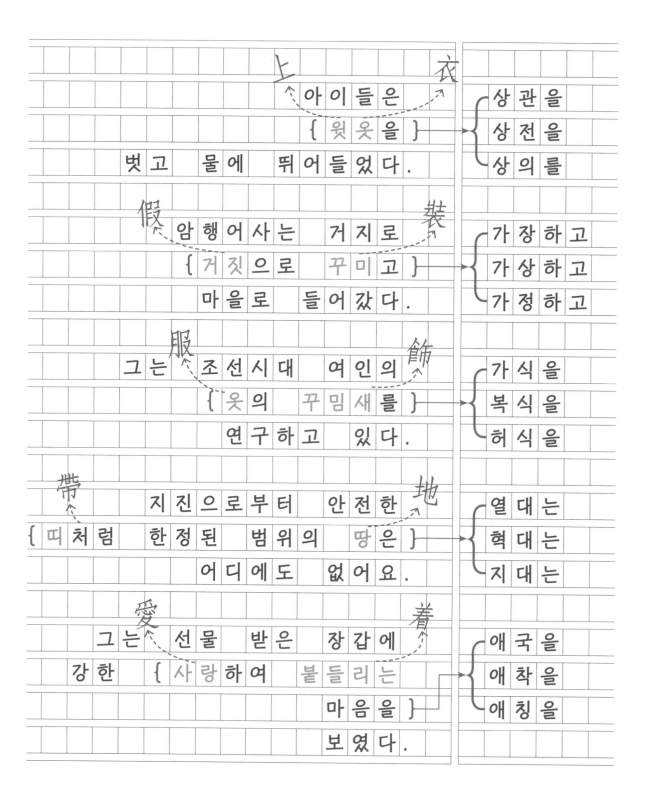

上 衣
아이들은
{ 윗옷을 }
벗고 물에 뛰어들었다.
상관을
상전을
상의를

假 裝
암행어사는 거지로
{ 거짓으로 꾸미고 }
마을로 들어갔다.
가장하고
가상하고
가정하고

服 飾
그는 조선시대 여인의
{ 옷의 꾸밈새를 }
연구하고 있다.
가식을
복식을
허식을

帶 地
지진으로부터 안전한
{ 띠처럼 한정된 범위의 땅은 }
어디에도 없어요.
열대는
혁대는
지대는

愛 着
그는 선물 받은 장갑에
강한 { 사랑하여 붙들리는
마음을 }
보였다.
애국을
애착을
애칭을

**참 잘하는구만.** 그렇다면 옛사람들이 쓰던 한자말도 한번 보겠소? 빈칸에 알맞은 글자를 써서 한자말을 완성해 보시오.

화려한 장군의 옷을 못 입고 벼슬이나 직위가 없이 싸움터로 나간다는 말.

이순신의 이것이 유명하지?

白 衣 從 軍

　　종 군

사람들이 제각기 여러 모습으로 알아보지 못하게 바꾸어 꾸미고 벌이는 행렬.

행렬은 여럿이 줄지어 감

假 裝 行 列

가 　 행 렬

몸에 지니고 다니면서 통화를 할 수 있는 전화기라는 뜻.

없으면 절대로 안 되는 것

携 帯 電 話

휴 　 전 화

**오케이 아니 옷케이!** 앞에서 읽어낸 한자는 능글능글이 더 이상 손대지 못할 거야. 한자의 뜻과 소리를 외면서 한자를 획획 쓰면 확실히 그렇게 되지..

一亠亠衣衣衣

衣　衣　衣

옷
의

한번에 그릴 수 있어!

丿刀月月月肝肝服服

服　服　服

옷
복

一十廿卅卅卅

卅带带带带

띠
대

丷丷丷羊羊羊羊着着着

着　着　着

붙을
착

丨丬丬丬 丬一丬丬壯裝

裝　裝　裝

꾸밀
장

옷 衣자는 쓸 줄 알지?

복

複 겹칠

製 만들    제

초  初 처음

넷째 주
옷 둘

依 기댈

布 베

의

포

옷에 대한 다른 한자말을
뎅글뎅글 읽어내자.

# 몸푸시옷

**능글능글 사건 현장으로 출발!** 그 전에 몸 좀 풀까? 주어진 낱말과 뜻풀이
에서 공통점을 찾아 빈칸에 써 봐.

**重複**
## 중복
거듭하거나 겹침

**複寫**
## 복사
겹쳐 쓰거나 베낌

**複雜**
## 복잡
이리저리 겹쳐
얽혀 있음

☐ 이란 글자가 있어.

☐☐ **다** 란 뜻이 있어.

**木製**
## 목제
나무로 만듦

**外製**
## 외제
외국에서 만듦

**製造**
## 제조
물건을 만듦

☐ 란 글자가 있어.

☐☐ **다** 란 뜻이 있어.

베는 삼실,
무명실, 명주실
따위로 짠 옷감
이란 뜻.

**綿布**
## 면포
무명실로 짠 베
(옷감)

**布木**
## 포목
삼베와 무명베를
함께 이름

삼실로 짜면
삼베, 무명실로
짜면 무명베

☐ 란 글자가 있어.

☐☐ 란 뜻이 있어.

**依支**
## 의지
다른 것에 몸을 기댐

**依存**
## 의존
다른 것에 기대어
생활함

**依他心**
## 의타심
남에게 기대려는
마음

☐ 란 글자가 있어.

☐☐ **다** 란 뜻이 있어.

**最初**
## 최초
맨 처음

**初期**
## 초기
처음 시기

**初步**
## 초보
첫걸음

☐ 란 글자가 있어.

☐☐ 이란 뜻이 있어.

능글능글이 청소 로봇 광고에 손을 대었어. 뎅글뎅글 읽어낼 수 있지?
한자로 바뀐 글자를 짐작해 빈칸에 씨 줘.

 布는 베(옷감)처럼 넓게 펼친다는 뜻이 있어!

인공지능 시대 **선布**

능글싹싹 청소 로봇

**複잡한** 선들은 싹싹!

무선 충전 기술 세계 **최初**

귀찮고 힘든 청소

이제 능글싹싹에게

**依지**하세요.

**製품** 동영상

www.ndai.co.kr

**갖가지 태그들이요.** 태그 속 낱말들에 같은 글자가 있길래 한자로 획획 바꿔 버렸소. 어떤 글자인지 빈칸에 한글로 써 보시옷!

**複사**
베껴 쓰고
찍고
○사기

**複합**
둘 이상을
합쳐
○합 상영관

**複제**
똑같이
만들어
유전자 ○제

**製과**
과자나 빵을
만듦
○과점

**봉製**
재봉틀로 박아서
만듦
봉○ 인형

**製철**
철을 만듦
포항○철

**依존**
무엇에 기대어
있음
○존적 관계

**귀依**
종교적 믿음에
기댐
종교에 귀○

**依뢰**
남에게
부탁함
○뢰인

**初보**
처음 내딛는
걸음
○보 운전

**初등**
맨 처음의
등급
○등학교

**初행**
처음으로
가는 길
○행길

**폭布**
퍼져서
떨어지는 물
인공 폭○

**분布**
흩어져 널리
퍼져 있음
생물 분○도

**살布**
액체·가루를 널리
퍼트림
농약 살○

**입 다무쇼!** '능글 지퍼 척' 내기로 겨뤄 봅시다. 주어진 한자를 품고 있는 낱말을
골라 ◯표 해 보시오. 못하는 이기 지피 채우기요!

겹칠
복

複

복합어
한복판
수영복

製

지을
제

제대로
유제품
엊그제

기댈
의

依

의타심
탈의실
부주의

베
포

布

포스터
분포도
엑스포

처음
초

初

초콜릿
새초롬
애당초

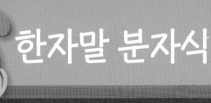

# 한자말 분자식

**으헉, 그리 쉽사리!** 그럼, 한자말 짜임새를 보여주는 한자말 분자식을 풀어 보시오. 빈칸에 어떤 한자말이 들어갈지 한번 써 보시구려, 흥!

初 무리 等 生
처음 ◯ ◯ ◯ 날

초등학생의
줄임말

面 비단 紗 布
낮 ◯ 사 ◯ 베

신부가 얼굴을
가리는 얇은 비단 천

木 만들 製 品
나무 목 ◯ 품 물건

나무로
만든 물건

複 베낄 寫 機
겹칠 ◯ 사 기 틀

문서나 책을
복사하는 기계

依 맡길 賴 書
기댈 ◯ 뢰 서 글

어떤 일을
남에게 부탁하는
글이나 문서

**어처구니없군.** 이번에는 한자 척 봤지요. 청바지에 뜻과 소리를 보였소. 뜻과 소리에 맞는 한자를 척 골라 ◯표 해 보시오.

겹칠 복 初 被 複 復

베 포 有 右 友 布

만들 제 制 製 裂 裝

기댈 의 化 依 他 低

처음 초 切 分 複 初

**정말 깜짝 놀라게 하는군.** 베 布에 대해서도 잘 아는 거요? 베에 여러 쓰임새가 있듯 布도 여러 뜻으로 쓰인다오. 뜻풀이에 맞는 한자말을 골라 ◯표 해 보시오.

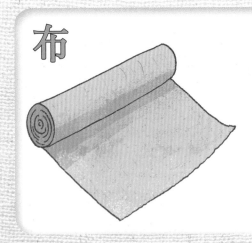

布

뜻1 넓게 펼친 천, **베**가 본뜻.

뜻2 천은 넓게 펴서 쓰니까 **퍼뜨리다**는 뜻.

뜻3 퍼뜨리면 널리 알려짐.

그래서 **널리 알리다**는 뜻.

---

**베**

 면사포

 배포

 반포

 반포는 세상에 널리 펴서 알림. 훈민정음 반포 알지?

---

**퍼뜨리다**

 살포

 사포

 모포

 사포는 모래를 발라 붙인 천. 요즘은 종이로 만들지?

---

**널리 알리다**

 폭포

 분포

 공포

**으허헉, 허리띠를 졸라매고 다시 한 번!** 한자를 내보이겠소. 세 개의 낱말 가운데 내보인 한자가 쓰이지 '않은' 낱말을 골라 ◯표 해 보시오.

처음
初

초면에 실례를　　초보니 이해해　　초조해서 그래

만들
製

곰 인형 봉제　　곰 로봇 철제　　이상한 두 형제

겹칠
複

복합 영양제　　복날에 먹어　　복잡한 마음

베
布

뿌리면 살포　　내쏘면 대포　　알리면 공포

기댈
依

맡기면 의뢰　　기대면 의존　　서로 다른 의미

**눈앞이 캄캄하군.** '길게풀어'를 부르겠소. 한자말 풀이말에 먹물을 덧씌우는 오 징어요. 녀석이 내보인 풀이말에 알맞은 한자의 '뜻과 소리'를 찾아 ◯표 해 보시오.

 기댈 **의** 　처음 **초** 　만들 **제**

걸음 **보** 　이 **자**

아, **처음 시작하는 이** 치고는 괜찮은 솜씬데?

 겹칠 **복** 　베 **포** 　기댈 **의**

남 **타** 　마음 **심**

아이가 조르는 대로 다 들어주면 **남에게 기대는 마음** 만 더 강해진다.

처음 **초** 　겹칠 **복** 　베 **포**

아뢸 **고** 　글월 **문**

준비해 놓은 **널리 펴서 알리는 글** 을 거리거리에 내붙이도록 하라.

기댈 **의** 　만들 **제** 　겹칠 **복**

쇠 **철** 　바 **소**

저기 **쇠를 만들어내는 일을 하는 곳** 의 모습이 보인다.

겹칠 **복** 　처음 **초** 　기댈 **의**

만들 **제** 　물건 **품**

박물관에는 **본디의 것과 똑같이 본떠 만든 물건** 도 전시된다.

# 바락바락 말 끝자락

**끙, 답답하니 소리라도 질러야겠소.** 같은 글자로 끝나는 바락바락 말 끝자락이오. 내가 소리치는 한자로 끝나는 낱말에 ◯표 해 보시오.

**제** 제 만들 **製** 끝나는 말은

| 의형제 | 엊그제 | 접착제 |
|---|---|---|
| 외~제 | 기우제 | 방향제 |

**포** 포 베 **布** 끝나는 말은

| 명태포 | 단세포 | 부직포 |
|---|---|---|
| 제물포 | 엑스포 | 소~포 |

**복** 복 겹칠 **複** 끝나는 말은

| 아동복 | 운동복 | 중~복 |
|---|---|---|
| 체육복 | 복불복 | 등산복 |

**의** 의 기댈 **依** 끝나는 말은

| 부주의 | 무성의 | 지구의 |
|---|---|---|
| 주치의 | 귀~의 | 속내의 |

**초** 초 처음 **初** 끝나는 말은

| 물망초 | 산호초 | 애당초 |
|---|---|---|
| 감식초 | 양~초 | 불로초 |

**하나를 배우고 둘을 깨우친 거요?** 그렇다면 내가 바꾸려는 두 글자 한자말이 무엇인지 짐작해 빈칸에 써 보시오. 배우지 않은 한자가 있어 어려울 거요, <u>으흐흐흐.</u>

격에 맞는 **방식**은 **격식**

서류를 꾸미는 **방식**은 **서식**

한 사람씩 상대하는 경기 **방식**은 **단식**

그렇다면

둘씩 짝지어 상대하는 경기 방식은

허드레로 쓰는 **종이**는 **휴지**

물건을 넣도록 만든 **종이** 주머니는 **봉지**

흰 **종이**는 **백지**

그렇다면

종이를 만드는 것은

세상에 널리 **알리는** 것은 **공고**

일의 결과를 **알리는** 것은 **보고**

조심하도록 미리 **알리는** 것은 **경고**

그렇다면

나라의 결정을 널리 알리는 것은

하나하나의 **해**는 **매년**

지난 **해**는 **작년**

한 **해**의 끄트머리는 **연말**

그렇다면

한 해의 처음은

긴 말은 무조건 한자말로 **짧게** 바꾸는 '**긴말짧게**'요. 녀석이 짧게 바꿔 갖춘 한자말이 무엇인지 알겠소? 안다면 빈칸에 알맞은 글자를 써 보시오.

두 가지 이상이 겹쳐
하나로 합침　겹칠 **複 合** [합] 합할

그는 아쉬움과 후련함이 [　　　] 된 묘한 기분이 들었다.

세상에 널리 펴 알림　베풀 [선] **宣 布** 베

그 해 3월 1일 학생들은 탑골공원에 모여 대한의 독립을 [　　　] 하였다.

전에 없었던 것을
처음으로 만듦　비롯할 [창] **創 製** 만들

한글은 조선시대에 세종대왕이 [　　　] 하였다.

남에게 부탁함　기댈 **依 賴** [뢰] 의뢰할(부탁할)

이 물질의 성분을 알기 위해서 연구소에 분석을 [　　　] 해야 합니다.

책의 첫 출판이나 그 출판물　처음 **初 版** [판] 판목

이 책은 작년 9월 26일에 [　　　] 을 발행하였다.

**으허헉! 이것도 할 수 있으려나?** 글의 뜻에 알맞은 한자말을 골라낼 수 있소? 주어진 '뜻'에 맞는 한자말을 골라내 ◯표 해 보시오.

2007년 첫 문을 열게 된 곳, 다문화박물관은 개인이 운영하는 사설 박물관으로

이번 처음 初 우리 박물관 개관 10주년 기념식에는 **초대** 관장님을 **초대**하고자 합니다.

세계 각국의 문화를 직접 보고, 느낄 수 있는 체험 공간이 있으니 바로

이번 여름은 겹칠 複 왜 이렇게 더운지 모르겠다. 내일 너희 팀은 함께 점심을 먹으러

내일 **중복**이라고 삼계탕을 같이 먹자는데 내 생일과 **중복**되어서 어찌해야 할 지

모르겠다. 참 곤란하게 되었어. 가족들도 짬을 내기가 어려워서 잠깐 점심

보고를 받았어. 몇 년 전부터 야심차게 만들 製 준비해 온 것 계획인데 그렇게 되었

안타까운 일이지만 **제지** 산업 분야에 진출하려는 계획이 또 **제지**를 당했다. 시장

상황이 아주 좋지 않다고 경영진이 판단한 모양이야. 내후년쯤으로 미뤄

외신 보도에 따르면, 이집트를 비롯해 아프리카 기댈 依 여러 나라에서는 뜻밖의 사태가

독재 정권에 항거하는 **의거**가 잇따라 일어났다. 이는 시민들의 민주주의 정신에 **의거**한 것

때로는 탄압받고 때로는 성장하면서 거스를 수 없는 도도한 흐름을 이루고 있다

**참 잘하는구만.** 그렇다면 옛사람들이 쓰던 한자말도 한번 보겠소? 빈칸에 알맞은 글자를 써서 한자말을 완성해 보시오.

원래는 건물과 건물 사이에 지붕을 씌운 통로.

방과 방 사이의 통로

複道
◻도

간단한 먹을거리를 파는 곳이지?

천으로 덮개를 씌운 마차

布帳馬車
장마차

재봉틀이나 손바느질로 만든 헝겊 인형. 포근한 느낌이 들지?

꿰매서 만든 인형

縫製人形
봉◻◻형

**잘했어!** 앞에서 읽어낸 한자는 능글능글이 더 이상 손대지 못할 거야. 한자의 뜻
과 소리를 외면서 한자를 획획 쓰면 확실히 그렇게 되지.

ノ ナ ナ ナ 右 布

布　布　布

布
베
포

ゝ ナ ネ ネ ネ 初 初

礻는
옷 衣가 변한 거야.

初　初　初

初
처음
초

ノ イ イ' 亻 仁 伫 依 依

依　依　依

依
기댈
의

礻 衤 衤 衤 複 複 複 複 複

礻는
쓸 줄 알지?

複　複　複

複
겹칠
복

ノ ⺈ 乍 乍 告 制 制 製

옷 衣는
쓸 줄 알지?

製　製　製

製
만들
제

결

結 맺을

총 總 모두

절 絶 끊을

다섯째 주
실 하나

終 마칠 ？ ！

約 맺을

종

약

실에 대한 능글능글 한자말을
뎅글뎅글 읽어내자.

**실에 대한 한자말을 찾으러 출발!** 주어진 낱말과 뜻풀이에서 공통점을 찾아 빈 칸에 써 봐.

**연결**
이어지거나 관계를 맺음

**단결**
많은 이들의 마음이 한데 맺어짐

**결연**
인연을 맺음

**절교**
서로의 교제를 끊음

**거절**
상대방의 요구를 끊듯이 물리침

**절망**
희망을 끊어 버림

**예약**
미리 맺은 약속

**계약**
서로 의무나 책임을 지기로 약속을 맺음

**언약**
말로 약속을 맺음

**총점**
얻은 점수를 모두 합한 것

**총력**
모든 힘

**총회**
모든 구성원의 회의

**종료**
일을 마침

**종착역**
기차의 마지막 역

**종전**
전쟁을 마침

☐ 이란 글자가 있어!

☐ 다 란 뜻이 있어.

☐ 이란 글자가 있어.

☐ 다 란 뜻이 있어.

☐ 이란 글자가 있어.

☐ 다 란 뜻이 있어.

☐ 이란 글자가 있어.

☐☐ 란 뜻이 있어.

☐☐ 이란 글자가 있어.

☐☐ 다 란 뜻이 있어.

능글능글이 십자수 작품에 손을 대었어. 뎅글뎅글 읽어 낼 수 있지? 한
자로 비뀐 글자를 짐작해 빈칸에 써 줘.

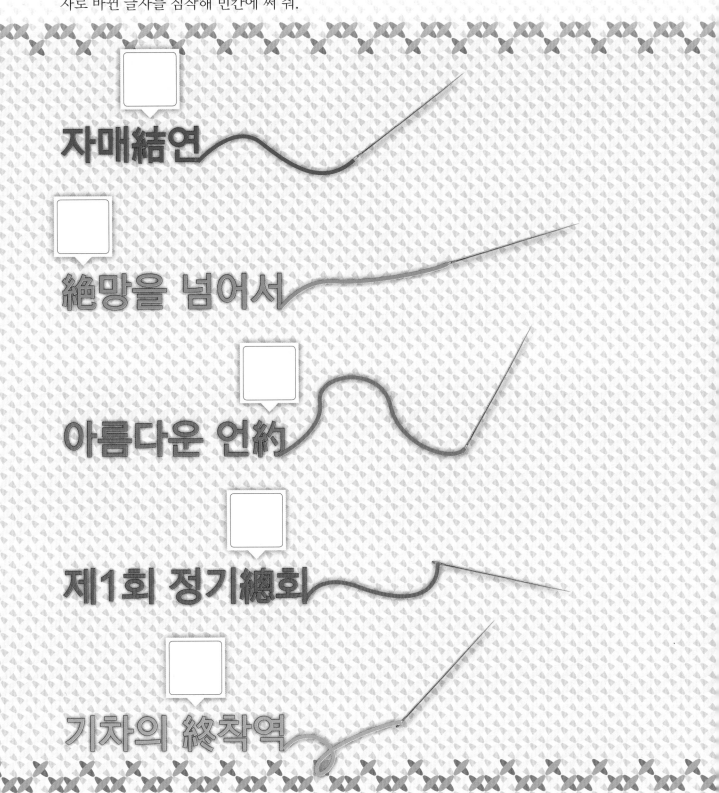

자매結연

絕망을 넘어서

아름다운 언約

제1회 정기總회

기차의 終착역

**지난번은 헤실바실했소.** 이번엔 두리뭉실 넘어가지 않겠소. 글에 한자말이 있길 래 한 글자씩 한자로 바꿨지. 어떤 글자인지 읽어 보시겠소?

부모님의 열다섯 번째 結혼기념일

폭설로 연락두絶된 지역

독립군 總사령관 홍범도 장군

미세먼지 30% 감소를 공約합니다!

終점 에 가까워져 올수록 버스는 텅텅 비어 갔다.

# 감실감실 한자말

**나는 어떤 뜻을 품은 글자만 바꾼다오.** 주어진 한자를 품은 낱말을 가려
◯표 해 보시오. 감실감실 잘 보이지 않지요? 으히히하.

맺을
**結**
물결 · 결혼 · 간결

끊을
**絶**
절기 · 절임 · 단절

모두
**總**
총알 · 장군총 · 총무

맺을
**約**
계약서 · 띠약볕 · 조약돌

마칠
**終**
종착역 · 종달새 · 종아리

# 한자말 분자식

**이 욱실욱실한 한자말 짜임새도 알아보시려나?** 한자말 분자식이요. 빈칸에
어떤 한자말이 들어갈지 써 보기나 하시오.

緣 연줄
絕
끊을 ⬡ 연
體
몸

전기의 흐름을
끊는 물체

어수선한 것을
모두 모아 정리함

整 가지런할
總
모두 ⬡ 정 리
理
다스릴

結 맺을
團
둥글 단 력
力
힘

여럿의 뜻이
한데 뭉친 힘

글의 마침을
나타내는 부호

?.!

止 멈출
終
마칠 ⬡ 지 부
符
부호

婚 혼인
約
맺을 ⬡ ⬡
者
이

혼인을 약속한
이(사람)

**지끈지끈하게 하는 자로세.** 비슷비슷한 한자들이요. 주어진 '뜻과 소리'에 맞는 한지를 찾아내 ◯표 해 보시오.

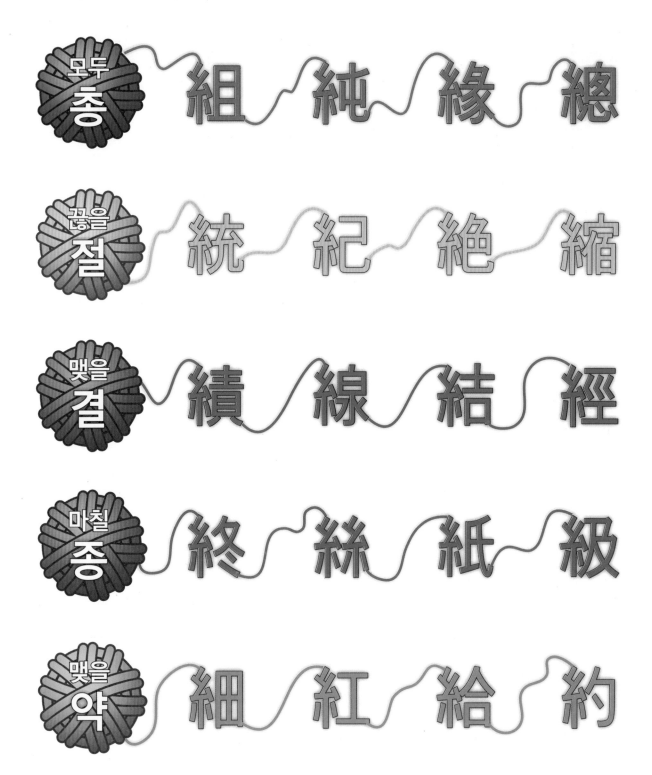

모두
총

組  純  緣  總

끊을
절

統  紀  絶  縮

맺을
결

績  線  結  經

마칠
종

終  絲  紙  級

맺을
약

細  紅  給  約

**두리뭉실 넘어가는 법이 없네.** 굽실굽실하게 만들어 주겠소. 내보인 한자
가 쓰이지 '않은' 낱말을 골라 ◯표 해 보시오. 어렵지요? 으하하하.

다솜이가 고심 끝에 내린 **결**정

아무도 예상하지 못한 **결**말

마지막 순간에 이루어진 극적인 타**결**

갑작스런 친구의 **절**교 선언

빠져 나오기 힘든 **절**망의 구렁텅이

건강을 지키기 위한 체중 조**절**

검은 머리가 파뿌리가 되도록 함께 하자는 언**약**

언제 만나자는 기**약**도 없는 이별

사회적 **약**자를 보호하기 위한 법

**종**점을 향해 치닫는 기차

마침내 발표된 최**종** 합격자 명단

바다에 사는 많은 **종**류의 동물

이름난 스타들이 **총**동원된 영화

이달 25일은 국회의원 **총**선거 날

**총**명한 두뇌와 성실한 자세

**새실새실 웃지 마시옷!** 긴말은 무조건 한자말로 짧게 바꿔 버리는 '긴말짧게'
요. 녀석이 잘라 믹고 게 눈 감추듯 감춘 한자말을 빈칸에 써 보시오.

맺을 **結 論** [논] 논할    논하는 것을 맺음

두 사람의 의견이 팽팽하게 맞서 ☐☐ 이 나지 않았다.

뿌리 [근] **根 絶** 끊을    뿌리를 끊어 버림

학교 폭력 ☐☐ 을 위한 설문 조사가 이루어졌다.

約은 묶는다는
뜻도 있어.    중요할 [요] **要 約** 맺을    말이나 글의 중요한 것을
잡아서 묶어 냄

앞글의 내용을 가장 잘 ☐☐ 한 것은 어느 것인가요?

아침부터 저녁까지,
한 날이 마치도록    마칠 **終 日** [일] 날

우리는 고픈 배를 움켜쥔 채 ☐☐ 낯선 거리를 헤맸다.

모두 **總 務** [무] 힘쓸    전체를 모두 다루는 데 힘쓰는 이

동아리의 새 회장은 작년에 ☐☐ 를 맡았던 학생이다.

**설마 '絶'도 잘 아는 거요?** 絶은 '끊다'는 뜻 말고도 여러 뜻이 있소. 絶 한자말 가운데 주어진 뜻으로 쓰인 것을 골라 ◯표 해 보시오. 절퍼덕절퍼덕하지요? 으하하하.

**뜻1** 실을 칼로 끊어내는 모습. 그래서 **끊다**가 본뜻.

**뜻2** 실이 끊기니 **끝나다, 다하다**라는 뜻.

**뜻3** 더할 것이 없어 **뛰어나다**라는 뜻.

**뜻4** 어떤 제약도 없어 **반드시**라는 뜻.

---

**다하다**

**절망**
희망이 없어

**절호**
더없이 좋아

**절묘**
아주 기가 막혀

---

**뛰어나다**

**절벽**
뚝 끊어진 낭떠러지

**절단**
자르고 베고

**절경**
대단히 아름다운 경치

---

**반드시**

**기절**
까무러쳐

**절대**
결코

**절교**
너랑 안 놀아

**눈앞이 캄캄하군.** '길게풀어'를 불러야겠소. 한자말의 풀이를 먹물로 덧씌우는
희한한 오징어리오. 풀이말에 알맞은 한자의 '뜻과 소리'를 찾아 ◯표 해 보시오.

오늘 회사를 쉬고 **혼인을 하기로 약속한 이**와 여행을 가기로 했다

이번 시험의 예상 문제를 **모두 다 가지런하고 바르게 해**볼까.

이번 응원전에서 우리의 **많은 이가 한데 뭉치는 힘**을 보여 줍시다.

산이 무너져 산사태가 나고 길이 끊겨 교통이 **막히고 끊어짐** 되었다.

이 문장에 **글을 마치고 끝을 나타내는 부호**가 빠져 있네요.

**그 어려운 걸 능실능실 해내다니!** 같은 소리가 있는 낱말들이요. 그렇지만 내가 내보인 한자가 쓰인 낱말은 딱 하나요! 골라내 ◯표 해 보시오.

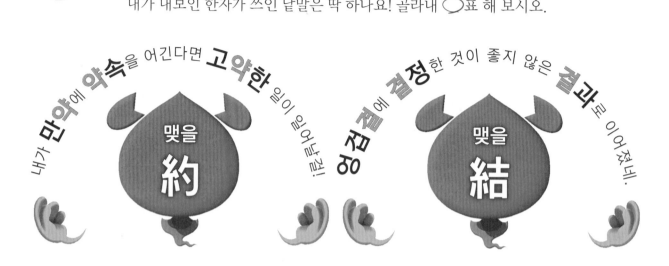

내가 **만약**에 **약속**을 어긴다면 **고약한** 일이 일어날걸!

맺을 **約**

**공정**에 **결정**한 것이 좋지 않은 **결과**로 이어졌네.

맺을 **結**

**평절**에 할아버지 댁 가는 길 하루 **반나절** 정말 **기절**하는 줄.

끊을 **絶**

우리 집 강아지는 **별종·종일**토록 먹어. **종이**도 먹어.

마칠 **終**

**사람**을 **총동원**해서 봐. 그럼 나는 이만 **안녕**.

모두 **總**

**어이쿠, 이럴 수가.** 괄호 속 말로 한 번 더 겨뤄 봅시다. 글의 전체 뜻에 알맞은 한자를 골라 ◯표 해 보시오.

┌► 조직된 단체

결단할  죽을
決  死
結  社
맺을  모일

모든 국민은 **결사** { 決死 / 結社 } 의 자유를 갖는다.

인연을 맺음 ◄┐

맺을   인연
結  緣
決  然
결단할 그러할

당장 강아지를 입양할 수는 없어도 **결연** { 結緣 / 決然 } 해서 키워볼까 해.

┌► 조건을 붙여 내용을 제한함

절제할  맺을
制  約
製  藥
만들  약

단체 생활에는 여러 가지 **제약** { 制約 / 製藥 } 이 따르기 마련이지요.

보람 있는 결과 ◄┐

결단할  정할
決  定
結  晶
맺을  맑을

이 신약은 우리 연구원들이 흘린 땀의 **결정** { 決定 / 結晶 } 이다.

# 말 가리고 아웅

**버틸 구석이 없네.** 눈 가리고 아웅, 아니 말 가리고 아웅 해야겠소. 한자말 한 구석을 우리말로 바꿨소. 완전한 한자말로 되돌려 보시오, 아웅!

기차나 전철 등이 마지막으로 닿는 역

"마 칠 착 역" → ☐ 착 역

남녀가 정식으로 부부가 되는 의식

"맺 을 혼 식" → ☐ 혼 식

무엇에도 의존하지 않고 간섭받지 않는 그 자체로서 완전한 이

"끊 을 대 자" → ☐ 대 자

국무총리 바로 다음 가는 자리, 또는 그런 자리에 있는 사람

"부 모 두 리" → 부 ☐ 리

미리 약속하거나 정해 놓은, 가게나 극장의 자리

"예 맺 을 석" → 예 ☐ 석

**참 잘하는구만.** 옛사람들이 쓰던 한자말도 한번 보겠소? 빈칸에 알맞은 글자를
써서 한지말을 완성해 보시오.

초풍은 까무러치게 깜짝 놀람. 즉 까무러칠 정도로 몹시 놀라 질겁을 함.

기가
끊어지면?
까무러치지!

氣絶초風
기　　초풍

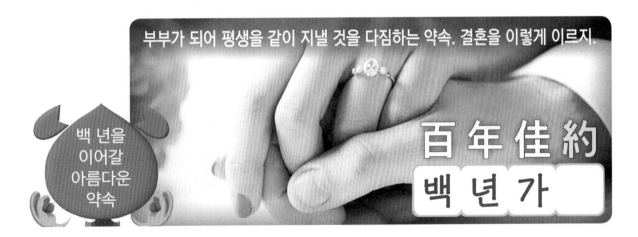

부부가 되어 평생을 같이 지낼 것을 다짐하는 약속. 결혼을 이렇게 이르지.

백 년을
이어갈
아름다운
약속

百年佳約
백 년 가

의형제를 맺음. 유비, 관우, 장비가 도원에서 의형제를 맺은 데에서 유래.

도원은
복숭아나무
정원

桃園結義
도 원　의

**잘했어!** 앞에서 읽어낸 한자는 능글능글이 더 이상 손대지 못할 거야. 한자의 뜻과 소리를 외면서 한자를 획획 쓰면 확실히 그렇게 되지.

` ⼢ ⼣ ⼤ 糸 糸 約 約 約

| 約 | 約 | 約 | |

맺을
**약**

糸는 실이라는 뜻이야.
실 사 絲가 변한 거지.

糸 紗 終 終 終

| 終 | 終 | 終 | |

마칠
**종**

이제 糸는 쓸 줄 알지?

糸 紶 結 結 結

| 結 | 結 | 結 | |

맺을
**결**

糸 紶 紹 紹 絶 絶

| 絶 | 絶 | 絶 | |

끊을
**절**

糸 糺 紵 紵 總 總 總 總 總 總

| 總 | 總 | 總 | |

모두
**총**

統 거느릴
통

續 이을
속

斷 끊을
단

縮 줄일
축

細 가늘
세

여섯째 주
실 둘

실에 대한 다른 한자말을
뎅글뎅글 읽어내자.

**능글능글 사건 현장으로 출발!** 먼저 머리 좀 풀고 가자. 주어진 낱말과 뜻풀이에서 공통점을 찾아 빈칸에 써 봐.

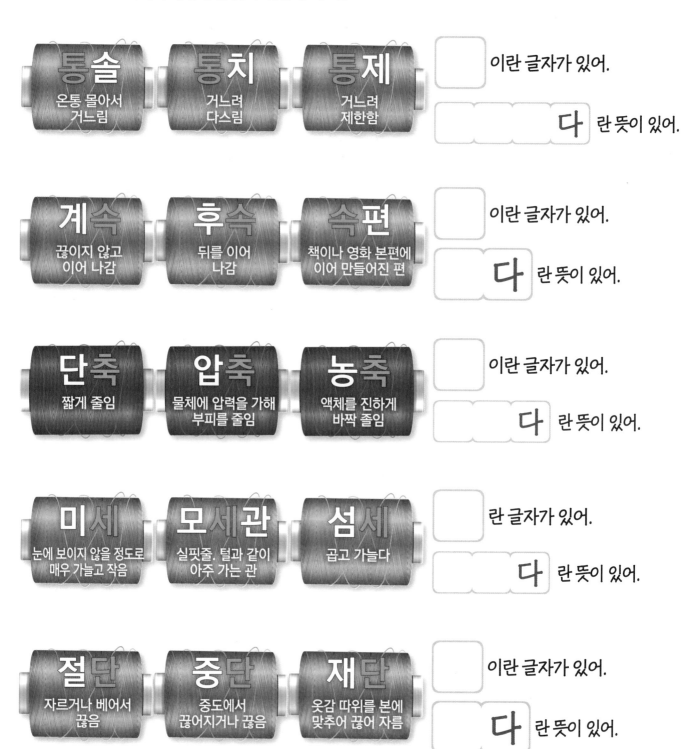

**통솔** 온통 몰아서 거느림 · **통치** 거느려 다스림 · **통제** 거느려 제한함

☐ 이란 글자가 있어.

☐☐☐ **다** 란 뜻이 있어.

---

**계속** 끊이지 않고 이어 나감 · **후속** 뒤를 이어 나감 · **속편** 책이나 영화 본편에 이어 만들어진 편

☐ 이란 글자가 있어.

☐ **다** 란 뜻이 있어.

---

**단축** 짧게 줄임 · **압축** 물체에 압력을 가해 부피를 줄임 · **농축** 액체를 진하게 바짝 졸임

☐ 이란 글자가 있어.

☐☐ **다** 란 뜻이 있어.

---

**미세** 눈에 보이지 않을 정도로 매우 가늘고 작음 · **모세관** 실핏줄. 털과 같이 아주 가는 관 · **섬세** 곱고 가늘다

☐ 란 글자가 있어.

☐☐ **다** 란 뜻이 있어.

---

**절단** 자르거나 베어서 끊음 · **중단** 중도에서 끊어지거나 끊음 · **재단** 옷감 따위를 본에 맞추어 끊어 자름

☐ 이란 글자가 있어.

☐ **다** 란 뜻이 있어.

능글능글이 영화 포스터에다 손을 대었어. 모두 실과 관계있는 한자말 들이지. 한자로 바뀐 글자를 짐작해 빈칸에 씨 줘.

지금까지 이런 **續편**은 없었다.

거느릴 統은 계통, 줄기라는 뜻도 있어!

**정 統** 코미디 수사물 "뻔한 직업2"

**섬 細**하고 **농 縮**된 웃음 바이러스

뻔하다고

함부로 **재 斷**하지 말라

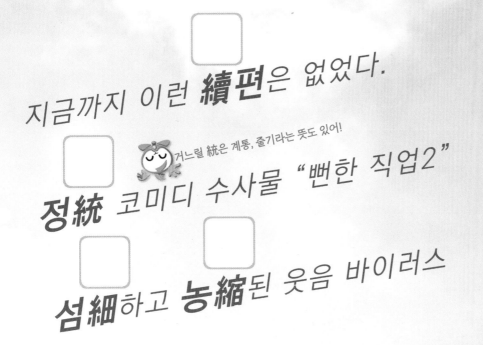

# 뻔한 직업 2

# 낮도깨비 그림자

**내가 특별히 한낮에 돌아다니며 바꾼 글자들이오!** 바뀐 한자를 한글로 쓸 수 있겠소? 헛, 그림자가 드리워…. 그래도 알아보긴 힘들죠?

예부터 이어져 오는

전統

같은 핏줄의 계통

혈統

신분에 따른 체면

체統

統은 줄기, 계통이라는 뜻이 있다고 했지?

죽 이어져

연續

뒤를 이음

상續

오래도록 이어져

지續

시들어 쭈그러짐

위縮

바짝 줄여

긴縮

덜어내 줄임

감縮

생명체의 기본 단위

細포

자세하게 나누기

細분

정밀하게 만듦

細공

생각을 끊어

斷념

잘라낸 면

斷면

관계를 끊어

斷절

# 양쪽 말 저울

**어이쿠! 이것도 해 보시오.** 내가 바꾼 한자말들이오. 왼쪽과 오른쪽에 알맞은 말을 써서 양쪽의 무게를 똑같이 맞춰 보시오.

**통합** : 합하여 **거느림**
**통솔** : **거느려** 다스림
☐ 은 **거느리다**!

**統合** : 합하여 **거느림**
**統率** : **거느려** 다스림
統은 ☐ ☐ ☐ ☐ !

**후속** : 뒤를 **이음**
**속출** : **이어서** 나옴
☐ 은 **잇다**!

**後續** : 뒤를 **이음**
**續出** : **이어서** 나옴
續은 ☐ ☐ !

**축소** : **줄여서** 작아짐
**긴축** : 바싹 **줄임**
☐ 은 **줄이다**!

**縮小** : **줄여서** 작아짐
**緊縮** : 바싹 **줄임**
縮은 ☐ ☐ ☐ !

**세공** : **가늘고** 꼼꼼히 만듦
**세부** : 작고 **가는** 부분
☐ 는 **가늘다**!

**細工** : **가늘고** 꼼꼼히 만듦
**細部** : 작고 **가는** 부분
細는 ☐ ☐ ☐ !

**횡단** : 가로로 **끊거나** 자름
**단전** : 전기 공급을 **끊음**
☐ 은 **끊다**!

**橫斷** : 가로로 **끊거나** 자름
**斷電** : 전기 공급을 **끊음**
斷은 ☐ ☐ !

**머리가 지끈대는구만.** 統은 조금씩 다른 뜻으로 쓰인다오. 3개의 낱말 가운데 주어진 統의 뜻과 '다르게' 쓰인 것을 찾아 ◯표 해 보시오. 댁도 지끈지끈할 거요.

뜻1 여러 가닥의 실을 합해 꼬아 줄로 만드는 모습을 본뜬 글자. 그래서 **큰 줄기**라는 본뜻.

뜻2 실을 합하듯 여럿을 **합하다**라는 뜻.

뜻3 줄을 꼬아내듯 **거느리다**는 뜻.

### 거느리다

통일
여럿을 몰아 하나로 만듦

통솔
무리를 거느려 다스림

정통
바른 계통

### 합하다

통합
둘 이상의 조직을 하나로 합침

통치
지역을 거느려 다스림

혈통
같은 핏줄기

### 줄기

통제
행위를 제한하거나 제약함

계통
공통의 것에서 나온 갈래

통계
몰아서 어림잡아 계산함

알아줄자

**대단한 눈썰미구만!** 우쭐대지 마시오. 내가 바꾸려는 한자와 비슷한 것들을 불렀소. 헷갈리죠? '뜻과 소리'에 맞는 한자를 찾아내 ◯표 해 보시오.

거느릴 **통** 　純　給　統　級

줄일 **축** 　縮　緣　練　綠

가늘 **세** 　終　紙　紅　細

이을 **속** 　組　續　績　織

끊을 **단** 　總　絶　經　斷

# 한자말 실뜨기

**한자말 실뜨기로 겨루어 봅시다.** 한자의 뜻과 소리를 내보이겠소. 내보인 뜻의 한자가 쓰이지 '않은' 낱말을 글 속에서 골라 ◯표 해 보시오. 실패하기를!

## 가늘 세

나는 네가 **세상**에서 제일 좋더라.

선생님의 **세심**한 배려에 깊이 감사드립니다.

그 천은 무척이나 **섬세**하게 짜여 있다.

## 줄일 축

전우치는 **축지법**을 써서 하루에 천리 길을 간다고 합니다.

우리의 심장은 **수축**과 팽창을 반복합니다.

관중들은 수상자에게 **축하**의 박수를 보냈다.

## 이을 속

선수들은 일정한 **속도**로 걸음을 맞춰 걸었다.

비가 한 시간 전부터 **계속** 내리고 있다.

심판은 비가 그치자 경기를 **속개**했다

## 거느릴 통

이 곳은 외부인의 출입이 **통제**된 곳입니다.

이 **통계** 자료를 도표로 바꾸어 그려 오세요.

경찰이 건물 입구에서 차들의 **통과**를 막고 있다.

## 끊을 단

이번 골은 이지수 선수의 명쾌한 **결단**의 결과입니다.

이 물질은 태양광선 **차단**에 좋은 효과가 있다.

솔직하다는 것이 그의 장점이자 **단점**이다.

**길게 끌어서는 못 당하겠네.** 긴말을 한자말로 짧게 바꿔 버리는 '긴말짧게'
요. 너석이 잘라먹고 게 눈 감추듯 감춘 한자말을 빈칸에 써 보시오.

뒤 [후] **後 續** 이을    뒤를 이어 계속함

이 드라마의 〔⬜⬜〕으로 나올 작품은 정통 사극이다.

모양이나 규모 따위를 줄여서 작게 함    줄일 **縮 小** [소] 작을

이 지도는 실제 지형을 5000분의 1로 〔⬜⬜〕해 그린 것이다.

끊을 **斷 面** 낯    물체의 끊거나 잘라낸 면

나무의 〔⬜⬜〕에는 여러 줄의 나이테가 있다.

여러 갈래로 가늘게 나누거나 가름    가늘 **細 分** [분] 나눌

교통량 분석을 위해 도시를 50개의 지역으로 〔⬜⬜〕해 관찰했다.

거느릴 **統 計** [계] 셀    하나로 몰아 어림잡아 계산함

그는 수집한 데이터를 가지고 〔⬜⬜〕를 냈다.

**거 참, 실실 웃지 마시오!** 이번에는 한자를 운으로 삼아 한자말랩을 펼쳐보겠소. 운으로 삼은 한자가 '쓰인' 낱말을 골라보시오.

| 거느릴 통 統 | 온통 | 고집불통 | 전통 |
| 이을 속 續 | 마음속 | 접속 | 한통속 |
| 줄일 축 縮 | 저축 | 수축 | 손이 축축 |
| 가늘 세 細 | 간접세 | 미세 | 만만세 |
| 끊을 단 斷 | 절단 | 바짓단 | 왠 야단 |

# 매끈한 화풀이

**으, 미끈하게도 넘어가는구만!** 에잇, 매끈한 한자말 풀이요. 한자말을 내 맘대로 풀어서 이어 놓았소. 매끈하게 제대로 써 보시오.

결끊을코

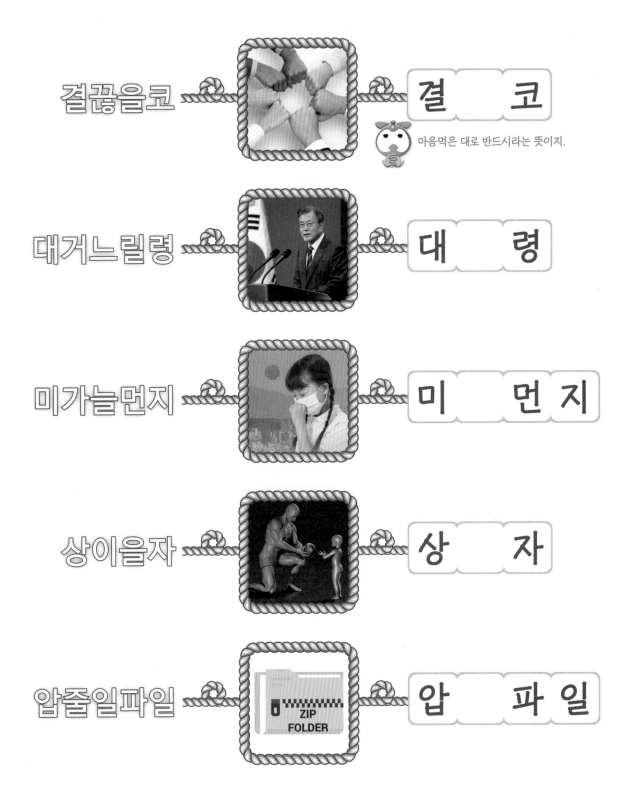

| 결 | | 코 |

마음먹은 대로 반드시라는 뜻이지.

대거느릴령

| 대 | | 령 |

미가늘먼지

| 미 | | 먼 | 지 |

상이을자

| 상 | | 자 |

압줄일파일

| 압 | | 파 | 일 |

**강적이로세……**. 그럼, 윗글에 표시된 말을 한자말 하나로 간단히 바꿀 수 있소?
간단한 한자말이 아랫글에 숨어 있소. 찾아서 ◯표 해 보시오.

서민 출신 대통령의 **나라를 거느리고 다스림**이 시작되었다.

대통령은 "나라를 통치하는 것은 오히려 국민"이라고 한다.

이번 월드컵에서는 많은 이변이 **잇따라 나오고** 있다.

이변이 속출하는 까닭은 각 팀의 실력이 비슷해졌기 때문이다.

두 나라는 무기 **덜어서 줄이기**에 대한 협정을 체결했다.

핵무기 감축은 세계 평화를 이루는 데 도움이 될 것이다.

손가락에는 몸 전체의 **털과 같이 가는 핏줄**이 퍼져 있다

손 마사지는 이 모세혈관을 자극해 피를 돌게 하는 것이다.

다이어트는 **음식을 끊는 것**보다는 조금 먹는 것이 좋다.

살이 빠지는 효과는 있지만 단식은 건강을 해친다.

# 한자말 갈피끈

**이거 참, 쩝쩝.** 책의 갈피에 같은 소리의 한자말이 두 개씩 있소. 주어진 한자말
이 어느 것인지 골라 ◯표 해 보시오. 어느 쪽인지 갈피를 못 잡겠지요?

**재단(裁斷)**　옷감을 본에 맞춰 자름. 또는 옳고 그름을 가름.

그 분이 평생 모은 재산으로 장학 **재단**을 설립한 건 아세요?
겉만 보고 사람을 함부로 **재단**하려 하지 마세요.

**감축(減縮)**　수량을 덜어서 줄임.

세계 최강대국인 두 나라가 핵무기 **감축**을 약속했다고 합니다.
지구촌 모두가 함께 **감축**할 일입니다.

**영세(零細)**　작고 가늘어 변변치 못함. 또는 살림이 몹시 가난함.

마흔 살 때 성당에서 **영세**를 받았죠.
우연인지 그때부터 제 회사도 **영세**업체 처지를 벗어났지요.

**신축(伸縮)**　늘고 줆. 또는 늘이고 줄임.

마침내 **신축**이 자유로운 섬유를 개발하였습니다.
그럼 이제는 그 섬유를 생산할 공장 **신축**을 서둘러야겠네요.

**도통(都統)**　이러니저러니 따질 것도 없이. 도무지.

컴퓨터에 대해 **도통** 모르던 사람이, 어떻게 그렇게 빨리 컴퓨터에
**도통**하게 되었지?

**이거, 체통이 말이 아니네!** 눈 질끈 감고 풀어헤쳤소. 눈 뜨고는 볼 수 없는 한자말들이오. 제대로 된 한자말로 한번 써 보시오.

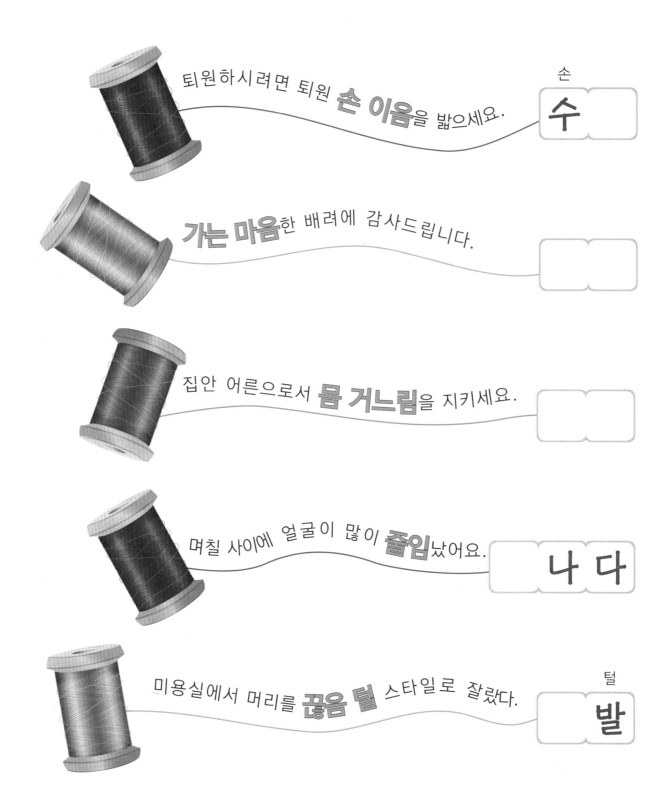

퇴원하시려면 퇴원 **손 이음**을 밟으세요.

손
| 수 | |

**가는 마음**한 배려에 감사드립니다.

| | |

집안 어른으로서 **몸 거느림**을 지키세요.

| | |

며칠 사이에 얼굴이 많이 **줄임**났어요.

| 나 | 다 |

미용실에서 머리를 **끊음 털** 스타일로 잘랐다.

털
| | 발 |

# 옛사람 한자말

**옜소, 덤이오.** 옛사람들이 쓰던 한자말이요. 빈칸에 알맞은 말을 써 보시오.

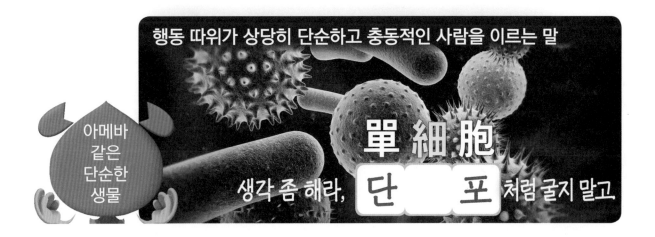

행동 따위가 상당히 단순하고 충동적인 사람을 이르는 말

아메바 같은 단순한 생물

單 細 胞
단 □ 포 처럼 굴지 말고

생각 좀 해라,

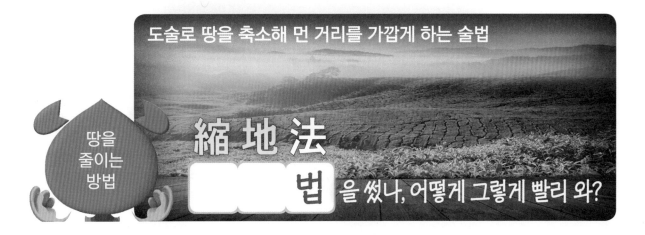

도술로 땅을 축소해 먼 거리를 가깝게 하는 술법

땅을 줄이는 방법

縮 地 法
□ □ 법 을 썼나, 어떻게 그렇게 빨리 와?

머뭇거리지 않고 선뜻 결정함을 비유적으로 이르는 말

한칼에 두 동강을 냄

一 刀 兩 斷
지금은 꾸물거리기보다 일 도 양 □ 이 필요할 때다.

# 획획한자

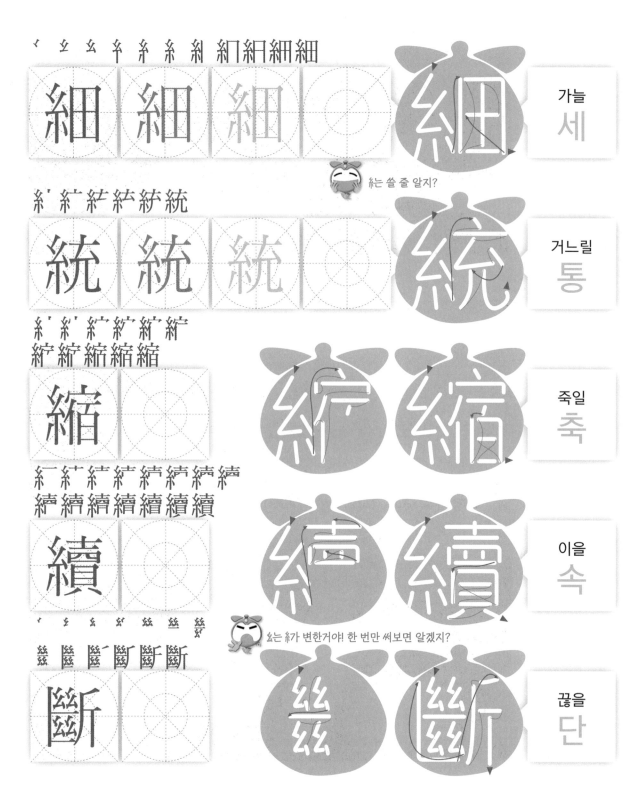

**잘했어!** 앞에서 읽어낸 한자는 능글능글이 더 이상 손대지 못할 거야. 한자의 뜻
과 소리를 외면서 한자를 획획 쓰면 확실히 그렇게 되지.

` ㄥ ㄠ 幺 糸 糸 糸 糹 紀 絗 細 細`

細 細 細

糸는 쓸 줄 알지?

가늘
세

`糹 糹 紵 紵 紵 統`

統 統 統

거느릴
통

`糹 糸 紵 紵 紵 紵`
`紵 紵 縮 縮 縮`

縮

죽일
축

`糹 紵 紵 紵 紵 紵 紵 績`
`績 績 績 績 績 績 續`

續

이을
속

`ㄥ ㄠ 幺 幺 鈴 鈴 鈴`
`鈴 幽 籃 斷 斷 斷`

斷

鈴는 糸가 변한거야! 한 번만 써보면 알겠지?

끊을
단

素 바탕
소

系 이어질
계

經 지날
경

**일곱째 주**
**실** 셋

給 줄
급

級 등급
급

실에 대한 또다른 한자말을
뎅글뎅글 읽어내자.

# 능글능글한 자

**능글능글 사건 현장으로 출발!** 그 전에 몸 좀 풀까? 주어진 낱말과 뜻풀이에서 공통점을 찾아 빈칸에 써 보자.

| 짜임새 있게 이어져 통일된 전체 | 대대로 이어져 온 한 집안의 계통 | 한 갈래로 이어지는 계통이나 조직 |
|---|---|---|
| **체계** 體系 | **가계** 家系 | **계열** 系列 |

☐ 란 글자가 있어.

☐☐☐☐ 다 란 뜻이 있어.

| 몸무게에 따라 나눠진 등급 | 등급 따위가 올라감 | 높은 등급 |
|---|---|---|
| **체급** 體級 | **진급** 進級 | **고급** 高級 |

☐ 이란 글자가 있어.

☐☐ 이란 뜻이 있어.

| 식사를 주는 것 | 마시거나 쓸 물을 주는 것 | 돈이나 물품을 정해진 몫만큼 줌 |
|---|---|---|
| **급식** 給食 | **급수** 給水 | **지급** 支給 |

☐ 이란 글자가 있어.

☐☐ 다 란 뜻이 있어.

| 지나온 길 | 겪거나 지나온 직업이나 학력 | 시간이 지나감 |
|---|---|---|
| **경로** 經路 | **경력** 經歷 | **경과** 經過 |

☐ 이란 글자가 있어.

☐☐ 다 란 뜻이 있어.

| 바탕에 있는 성질, 능력 따위 | 바탕이 되는 재료 | 만물을 이루는 기본적 바탕 |
|---|---|---|
| **소질** 素質 | **소재** 素材 | **원소** 元素 |

☐ 란 글자가 있어.

☐☐ 이란 뜻이 있어.

능글능글이 엄마의 달력 메모에 손을 대었네. 뎅글뎅글 읽어낼 수 있지? 바꿔 놓은 글자를 짐작해 빈칸에 씨 봐.

| Sun | Mon | Tue | Wed | Th |
|-----|-----|-----|-----|-----|
| 25 | 26 | 27 | 28 | |

☆ 업무 체系화 점검

| | 4 ☐ | 5 | 6 ☐ | 7 |

진級시험

經력
증명서 제출

| 11 | 12 ⊙ | 13 | 14 |

| 18 ☐ | 19 | 20 ☑ ☐ | 21 |

이산화탄素
줄이기 대회 준비

월給날

| 25 | 26 | 27 | 28 |

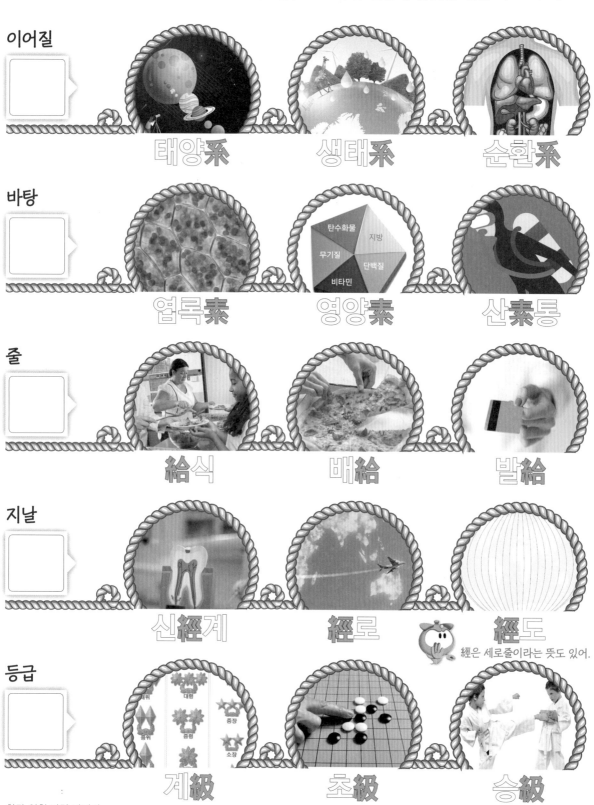

# 읽어낼 줄

**그걸, 읽어낼 줄이야.** 그럼, 한자말들을 줄줄이 엮은 것도 읽을 수 있소? 어떤 글자를 바꾼 것인지 알아보겠소? 안다면 빈칸에 알맞은 말을 써 보시오.

이어질

태양**系**　　생태**系**　　순환**系**

바탕

엽록**素**　　영양**素**　　산**素**통

줄

**給**식　　배**給**　　발**給**

지날

신**經**계　　**經**로　　**經**도

經은 세로줄이라는 뜻도 있어.

등급

계**級**　　초**級**　　승**級**

**이럴 줄 몰랐소.** 이건 못할 줄 믿소. 내가 한자말을 욀 테니 그걸 듣고 빈칸에 알맞은 글자를 써 보시오. 멎이요, 누가 모를 줄 아냐고?

부系는 **부계**이고, 아버지 쪽 혈통이 **이어짐**

모系는 **모계**이고, 어머니 쪽 혈통이 **이어짐**

系통은 **계통**이고, 일정한 차례에 따라 **이어짐**

系는 ☐ 이고 **이어짐**이다

요素는 **요소**이고, 중요한 **바탕**

독素는 **독소**이고, 독이 되는 물질이나 **바탕**

원素는 **원소**이고, 만물을 이루는 기본적인 **바탕**

素는 ☐ 이고 **바탕**이다

經험은 **경험**이고, 실제로 겪거나 **지나감**

經유는 **경유**이고, 어떤 곳을 거쳐 **지나감**

經로는 **경로**이고, **지나는** 길이나 과정

經은 ☐ 이고 **지나다**이다

체級은 **체급**이고, 몸무게에 따라 매겨진 **등급**

초級은 **초급**이고, 첫 번째의 계급이나 **등급**

고級은 **고급**이고, 높은 단계의 계급이나 **등급**

級은 ☐ 이고 **등급**이다

공給은 **공급**이고, 판매를 위해 물건을 **주다**

발給은 **발급**이고, 문서 따위를 발행해 **주다**

시給은 **시급**이고, 시간에 따라 **주는** 급료

給은 ☐ 이고 **주다**이다

**창피해서 줄행랑을 쳐야 하나.** 나는 어떤 뜻을 품고 있는 글자만 한자로 바꾼다오. 주어진 뜻을 품고 있는 낱말을 가려내 ◯표 해 보시오.

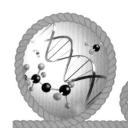 신소재 〔바탕 소〕 소쿠리

 경로 〔지날 경〕 경기

 자연계 〔이어질 계〕 돼지비계

 급식 〔줄 급〕 급류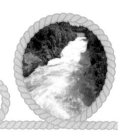

 급작스레 〔등급 급〕 계급장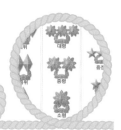

**이것으로 매듭지을 수는 없소이다!** 비단 매듭에 내가 바꾸려는 한자와 닮은 것들을 같이 엮었소. 내보인 '뜻과 소리'에 맞는 한자를 골라 ◯표 해 보시오.

| 이을<br>계 | 바탕<br>소 | 지날<br>경 | 줄<br>급 | 등급<br>급 |
|---|---|---|---|---|
| 紅 | 係 | 結 | 給 | 純 |
| 采 | 細 | 經 | 級 | 給 |
| 絲 | 素 | 絶 | 總 | 紙 |
| 素 | 約 | 統 | 組 | 級 |

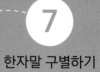
# 범 무서운 줄

**하룻강아지 범 무서운 줄 모른다더니.** 에잇, 범이 되어 한자의 '뜻과 소리'를 보이겠소. 그 한자가 쓰이지 '않은' 낱말을 집어내 ◯표 해 보시오.

바탕 **소**

그는 **평소**에도 아침을 거르곤 했습니다.

이번 신약 개발의 핵심 **요소**는 이 물질입니다

여기는 조용해서 이야기를 나눌 **장소**로 아주 좋다.

지날 **경**

여러분, 5분 **경과** 후에 답안지를 걷겠습니다.

버스는 **경사**가 가파른 길을 천천히 올라갔다.

별일 아니니 너무 **신경** 쓰지 마세요.

등급 **급**

그 배는 엄청난 기세의 **급류**에 휘말려 침몰했다.

김 소령은 이번 봄에 중령으로 **진급**했다.

미용사가 가위를 놀리는 솜씨가 **수준급**이다.

줄 **급**

수도관 파열로 수돗물 **공급**이 중단되었다.

비자 **발급**을 위해 대사관에 서류를 제출해 주세요.

아니, 이 일에 대해 한마디의 **언급**도 없다니!

이어질 **계**

그 광고 회사는 대기업 **계열**의 회사입니다.

273×834 같은 **계산**은 정말 어려워!

이 영화에는 **아시아계** 배우들이 많이 출연한다.

**줄곧 지기만 하네.** 그렇다면 긴말은 한자말로 짧게 바꿔버리는 '긴말짧게'요.
녀석이 살라먹고 게 눈 감추듯 감춘 한자말을 빈칸에 써넣어 보시오

등급 **級 訓** [훈] 가르침    학급에서 교육 목표로 정한 가르침

이왕이면 학급 ⬜⬜ 을 붓글씨로 써 보도록 하자.

바탕 **素 材** [재] 재목    어떤 것을 만드는 데 바탕이 되는 재목이나 재료

물놀이 용품의 ⬜⬜ 는 주로 피브이시(PVC)나 고무 제품이다.

모습 [태]

어느 환경 안의 생물들이 사슬처럼
이어져 서로 영향을 미치는 체계    날 **生 態 系** 이어질

식물의 수가 줄면 그 지역의 전체 ⬜⬜ 에 큰 영향을 미치게 된다.

베풀 [공] **供 給** 줄    필요한 것을 베풀어 주는 것

수요보다 ⬜⬜ 이 많으면 가격이 내리기 마련이다.

지날 **經 路** [로] 길    지나는 길

윤 선생님은 철새들의 ⬜⬜ 를 연구하고 있습니다.

**내가 아무리 해도 실실 웃기만 하는구려.** 그래도 '지날 經'의 여러 뜻도 줄 줄 아실까? 마인드맵을 살펴보고 經의 뜻을 알맞게 써 보시오.

**날 줄**

베틀에 세로로 걸어 놓은 '날줄'을 뜻하는 글자

☐ ☐ **다**

날줄 사이로 씨줄이 지나 다니면서 베가 짜여짐. 그래서 '지나다'를 뜻하게 됨

☐ ☐

베틀의 날줄처럼 지구본 위에 남극과 북극을 연결해 세로로 그은 가상의 선, '경선'

☐ ☐ ☐ ☐ **다**

베를 짤 때 날줄을 잘 다스려야 한다는 데서 관리하다, '다스리다'라는 뜻

☐

베(옷감)를 짤 때 기준이 되는 날실처럼, 변하지 않는 도리를 담은 '책', 경전

# 지날 경 요지경

아니, '經'의 뜻을 그리 쉽게 구분한다고요? 그렇다면 '經'이 쓰인 낱말들을 늘어놓겠소. 주어진 뜻으로 쓰인 낱말을 골라 ◯표 해 보시오.

## 지나다

| 경영에 쓰는 돈 | 지켜보자 | 독도 131도 |
|---|---|---|
| 경비 | 경과 | 동경 |

## 다스리다

| 자오선, 시간의 기준 | 공자 왈 맹자 왈 | 돈을 관리해 |
|---|---|---|
| 경선 | 경서 | 경리 |

## 경선

| 지구 위의 위치 | 기업가 | 불경, 성경, 쿠란 |
|---|---|---|
| 경도 | 경영 | 경전 |

## 책

| 겪고 지나봐야 | 살림살이 | 해인사에 있는 |
|---|---|---|
| 경험 | 경제 | 대장경 |

**거참 너무 실실대지 마시오.** 실과 관련 있는 한자로 랩을 펼쳐보겠소. 운으로 삼은 한자가 '쓰인' 낱말을 골라 ◯표 해 보시오.

| 지날 경 經 | 세상 참 | 강 건너 | 어려워라 |
|---|---|---|---|
| | 요지경 | 불구경 | 사서삼경 |

| 등급 급 給 | 헐레벌떡 | 삐뽀삐뽀 | 엄벙덤벙 |
|---|---|---|---|
| | 성급 | 구급 | 초급 |

| 바탕 소 素 | 길 막혀 | 숨 막혀 | 기가 막혀 |
|---|---|---|---|
| | 장소 | 이산화탄소 | 청소 |

| 줄 급 給 | 공평하게 | 부리나케 | 훌륭하게 |
|---|---|---|---|
| | 배급 | 긴급 | 수준급 |

| 이어질 계 系 | 잘깍잘깍 | 발깍발깍 | 째깍째깍 |
|---|---|---|---|
| | 기계 | 신경계 | 시계 |

**이럴 수가!** 그럼 왼쪽 글에 표시된 한자말을 간단하게 바꿀 수 있소? 안다면 빈 칸에 알맞게 써 보시오. 오른쪽 글에 답이 되는 낱말을 한 글자씩 숨겨 놓았소!

우선 **물**이 부족한 곳에 물을 **대주기 위해 물탱크를 장치한 차**로 주민들에게 물을 제공해야 합니다.

차

예. 물부터 공급해야지요. 그들에게는 생명수니까요. 차량부터 알아봅시다.

그의 성실함이 팀의 **활동하는 힘**이 되는 본바탕을 이루게 됩니다.

력

경기장에서 활발함이나 뛰어난 능력과 소질이 대단한 선수지요.

투자자들은 기업이나 사업을 **관리하고 운영하는 이**의 다음 말에 귀를 기울였다.

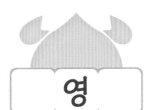
영

물론 저는 경험은 부족하지만 영업 성적은 최고 실적의 소유자입니다.

요즘 생물들이 어우러져 사는 **자연 세계**의 파괴가 심각하답니다.

태

우리 생활 때문에 자연의 상태와 체계가 무너지고 있다고 합니다.

이 호텔의 시설은 **정도가 가장 위인 등급 수준**이어서 '7성급'이라고 부른다.

최

음식도 최고이고 서비스도 세상에서 제일이라지? 그래서 그 이름은 최고의 계급장과 같은 것이래.

**새로운 낱말로도 나를 이길 수 있을까?** 글에 나온 낱말의 뜻을 생각해 보고 알맞은 한자를 골라 ◯표 해 보시오. 하늘이 높은 줄 알겠지요?

 경위는 옷감의 날줄(세로)과 씨줄(가로)이야.
혹은 일이 되어 온 과정이지.

{ 경 날줄/지날 經
  경 깨우칠 警 } 사건의 **경위**를 밝히시오. { 衛 지킬 위
  緯 씨줄 위 }

{ 소 바 所
  소 바탕 素 } 오해의 **소지**를 없애라. { 地 땅 지
  持 가질 지 }

{ 일 한 一
  일 날 日 } 그는 바둑이 **일급**이다. { 級 등급 급
  給 줄 급 }

{ 급 등급 級
  급 줄 給 } 이 동네는 **급수** 사정이 좋지 않다. { 數 수 수
  水 물 수 }

# 옛사람 한자말

**에잇, 다 가져가시오!** 옛사람들이 쓰던 한자말도 가져가시오. 빈칸에 알맞은 글자를 써서 한자말을 완성해 보시오.

아무리 가르치고 일러 주어도 알아듣지 못함을 이르는 말.

쇠귀에 경 읽기

牛耳讀經
우 이 독

필요한 물건이나 자원 따위를 스스로의 생산으로 메워 채움.

자족은 스스로 만족함

自給自足
자　　자족

태양계가 포함된 수많은 별 집단을 이르는 말. 은하수.

흰 강물처럼 보이는 별무리

銀河系
은 하

# 획획한자

**잘했어!** 앞에서 읽어낸 한자는 능글능글이 더 이상 손대지 못할 거야. 한자의 뜻과 소리를 외면서 한자를 획획 쓰면 확실히 그렇게 되지.

一 丶 乏 丟 乷 系 系

系 系 系

이어질
계

一 二 声 丰 素

素 素 素

바탕
소

糸 糸 糽 紱 級

級 級 級

실 糸는 여러 번 써 봤지?

등급
등

糸 糸 糸 紒 給 給 給

給 給 給

줄
급

糸 糺 紅 絚 經 經 經 經

經 經 經

지날
경

線
여덟째 주
줄
선

줄에 대한 능글능글 한자말을
뎅글뎅글 읽어내자.

# 생겨나다

'줄 선'은 능글능글이 절대로 선선히 내주지 않을 거야. 준비 단단히 해.
'줄 선'이 든 한자말의 뜻을 줄줄이 풀어 놓았어. 빈칸에 알맞은 말을 써 봐.

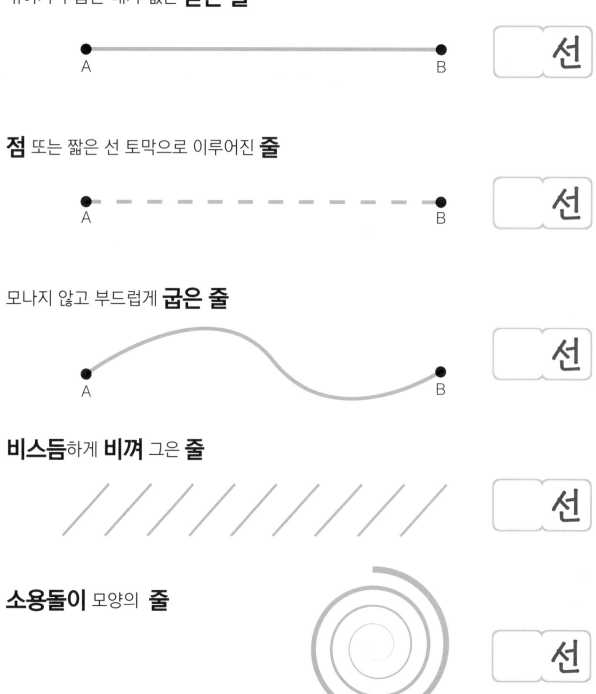

꺾이거나 굽은 데가 없는 **곧은 줄**

A      B

☐ 선

**점** 또는 짧은 선 토막으로 이루어진 **줄**

A      B

☐ 선

모나지 않고 부드럽게 **굽은 줄**

A      B

☐ 선

**비스듬**하게 **비껴** 그은 **줄**

☐ 선

**소용돌이** 모양의 **줄**

☐ 선

능글능글이 '줄 선'이 든 한자말을 마구 흩트려 놓았어. 엉터리로 줄을
세운 거지. 히지만 좀만 생각해 보면 알아낼 수 있어. 뒤죽박죽 낱말을 세대로 써 줘.

파도가 **안해선**을 따라
밀려왔다.

바다와 육지가 맞닿은 선
☐☐ **선**

**선해안**이 굴곡 없이
아주 단조롭다.

화살이 과녁을 향해
**물포선**을 긋고 떨어진다.

물체가 반원 모양을
그리며 날아가는 선
☐☐ **선**

그가 날린 타구는 **선포물**을
그리며 멀리 뻗어 나갔다.

**오지선** 위에 음표를
그려 보세요.

악보를 그리도록
오선을 그은 종이
☐ **선** ☐

피아노 소리를 그대로
**선지오**에 옮겨놓았다.

**충류선**은 사람의 몸에
기생하여 산다.

가는 실처럼 생긴
기생충들
**선** ☐☐

우렁이를 날로 먹으면
**선류충**에 감염된다.

금이 간 갈비뼈를
**스엑선**에 비춰 보았다.

엑스레이
☐☐ **선**

초파리에 **선스엑**을
쪼여 실험을 했다.

**'줄 선'이 든 한자말들이야.** 줄 선에는 여러 가지 뜻이 있지. 주어진 뜻과 '다른' 줄 선 한자말을 골라내 ○표 해 보시오.

'선'은 그어 놓은 금이나 줄을 뜻하지? 그런데 이 '선'은 눈에 보이지 않는 것도 있어. 숨어 있는 선이지. 어떤 한자말인지 빈칸에 알맞은 말을 써 봐.

눈이 가는 길, 눈의 방향. 주의, 관심을 빗대어 이르는 말

☐ ☐

야구에서 공격할 때 타자들의 짜임새를 이르는 말

☐ ☐

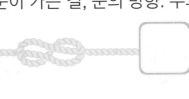

남극과 북극을 지나는 남북 방향의 상상의 선

☐ ☐ 선

사람의 눈으로 볼 수 있는 빛

가 ☐ ☐ 선

싸우던 두 나라가 전쟁을 멈추고 나라 사이의 경계로 정한 선

☐ ☐ 선

# 줄을 넘어선

**선을 넘어서려고 하는구만.** 하지만 線의 여러 뜻을 과연 다 알까? 線에 대한 마인드맵이요. 線의 여러 뜻을 빈칸에 알맞게 써 보시오..

## 길게 이어지는
### 실

실패에 감겨있는 긴 '실'을
뜻하는 글자. 실, 줄, 선.

기차 바퀴가 굴러가도록 레일을 깐 길이
줄처럼 길게 이어지니까, '철길'을 뜻함

통신 등을 위해 쓰는 전선도
줄처럼 뻗어서,
'전깃줄'을 뜻함

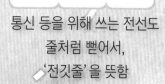

사물이 다른 것과 분간되는 것을
줄을 그어놓은 것에 빗대
'한계'를 뜻함

빛 에너지는 곧은 줄처럼 뻗으니까,
'빛줄기'를 뜻함

# 똥줄 타는 한자말

**너무 쉽게 하는구만.** 그렇다면 줄 선 한자말 풀이도 할 수 있소? 한자말을 제대로 풀이한 섯을 찾아 ◯표 해 보시오. 똥줄 타지요?

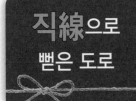

**직線으로 뻗은 도로**

| 곧은 빛줄기로 뻗은 도로 | 곧은 줄로 뻗은 도로 | 곧은 한계로 뻗은 도로 |

**KTX 경부線**

| KTX 서울부산 철길 | KTX 서울부산 전깃줄 | KTX 서울부산 한계 |

**무線 디지털 전화기**

| 한계 없는 디지털 전화기 | 철길 없는 디지털 전화기 | 전깃줄 없는 디지털 전화기 |

**엑스(X)線 검사실**

| 엑스(X) 줄 검사실 | 엑스(X) 빛줄기 검사실 | 엑스(X) 철길 검사실 |

**해안線 경비 초소**

| 바다가 끝나는 한계 경비 초소 | 바다가 끝나는 전깃줄 경비 초소 | 바다가 끝나는 빛줄기 경비 초소 |

# 선무당 가라사대

**으악, 여기까지 오다니!** 소리가 '선'이라고 모두 '線'은 아니오. 선무당이 사람 잡고, 한자말 잡는 거지. 線으로 '못 바꾸는 것'을 골라 ◯표 해 보시오.

선무당 가라사대

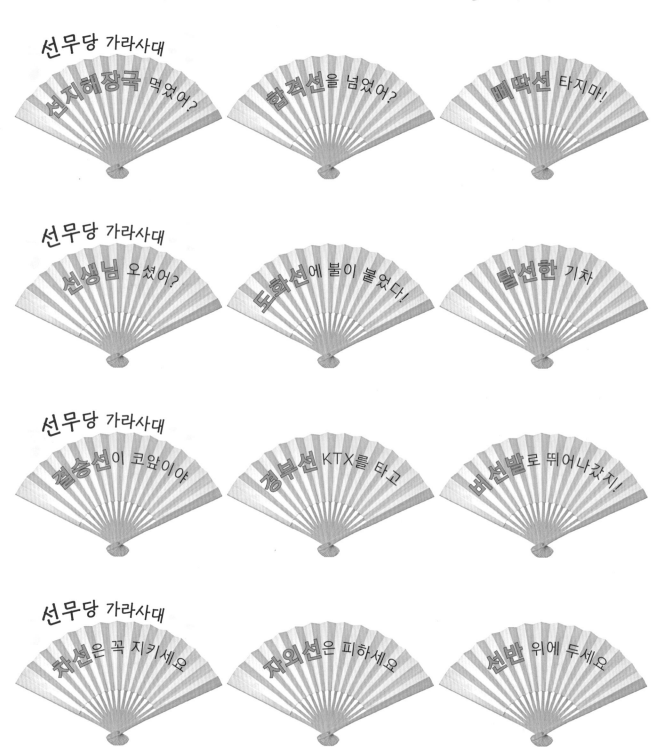

선지해장국 먹었어?

합격선을 넘었어?

삐딱선 타지마!

선무당 가라사대

선생님 오셨어?

도화선에 불이 붙었다!

탈선한 기차

선무당 가라사대

결승선이 코앞이야

경부선 KTX를 타고

버선발로 뛰어나갔지!

선무당 가라사대

차선은 꼭 지키세요

자외선은 피하세요

선반 위에 두세요

# 정신 줄 놓을 자

정신 줄 놓을 지경! '줄 선' 한자말 한자말 카드요. '줄 선'과 비슷한 한 자를 섞어 놓았소. '줄 선'이 제대로 들어간 카드를 모두 골라내 ◯표 해 보시오.

줄 선이 제대로 들어간 부적은 모두 4개야!

꺾이거나 굽은 데가 없이 곧은 선 — 직線

산등성이를 따라 죽 이어진 선 — 능統

전선을 끌어다가 전기 장치에 연결 — 배總

소용돌이 모양의 곡선 — 나線

모나지 않고 부드럽게 굽은 선 — 곡絕

전기가 흐르도록 하는 데 쓰는 선 — 전結

통신·방송을 전선 없이 함 — 무經

버스 등 탈것들이 정해 놓고 다니는 길 — 노線

음과 양의 두 전선이 한데 붙는 것 — 합終

눈이 가는 길 눈이 가는 방향 — 시給

빛의 줄기, 빛줄기 — 광級

사람이나 물건이 이동하는 자취나 방향 — 동線

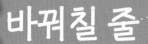
**미치고 팔짝 뛸 줄!** 우리말 '줄'은 '선'과 바꿔 쓰지만 다 그렇지는 않지! '선'으로 바꿔 써도 되는 말이 둘 있소. 어떤 말인지 골라서 ◯표 해 보시오.

고무**줄**놀이를 하며 부르던 친구들의 노랫소리가 바로 옆에서 들렸다.

**줄**넘기는 건강에도 좋고 재미까지 있어 꿩 먹고 알 먹기입니다.

목**줄**을 매지 않은 강아지를 데리고 외출하면 안 된다.

두 사람 사이의 길고 지루한 **줄**다리기가 마침내 끝났다.

목수는 통나무를 톱질하기 전에 꼼꼼하게 **먹줄**부터 살폈다.

**빨랫줄**엔 수건 하나가 딸랑 걸려 있다.

다음은 선희가 밑에서 세 번째 **줄**부터 읽어 보아라.

가로선과 **세로줄**이 만나는 교차점을 찾아라.

# 못 봐 줄 선짓국

**이러면 방어선이 무너지는데.** 카톡에 올린 글을 보시오. 선은 선인데 '줄 線'이 들어가지 않은 낱말이 5개 있지. 찾아내 ◯표 해 보시오.

─── 20**년 3월 28일 ───

 안질리냐 젤리

> 오늘 막내 삼촌 덕분에 **선짓국**을 먹었어.

 안질리냐 젤리

> 삼촌과 함께 **3호선** 양재역의 유명한 식당에 갔지. 그런데 **선뜻** 내키지 않은 걸 시키더라고. **우선** 내가 싫어하는 시래기가 들어 있었어. 다른 걸 **선택**하고 싶었지. 내가 바라 보니까 삼촌은 **시선**을 돌리고 딴청을 피우더라고. '**생선** 구이가 괜찮아 보이는데, 이건 또 뭐야.' 속으로 중얼거렸지. 하지만 삼촌은 아랑곳없이 말했어. "이 녀석아. 먹어 봐. 유명한 맛집의 영양만점 국밥이라고."

으헉! 잘도 하는구려. '線'이 들어간 한자말을 선무당처럼 풀어 놓았소. '線'이 든 한자말을 바르게 써 보시오.

여름철에는 **자외빛살**이 강하게 내리쬔다.

⬚⬚**선**

눈에 보이지 않을 만큼 짧은 광선

---

사소한 오해가 싸움의 **도화줄**이 되었다.

⬚⬚⬚

폭약이 터지도록 불을 붙이는 심지

---

끊겼던 **경의철길**이 하루빨리 이어지기를

⬚⬚

서울 신의주 간의 철도

---

인터넷 전화는 **유전선줄전화**보다 요금이 싸다.

⬚⬚⬚

가입자와 교환국 사이를 전선으로 연결한 전화

---

이 작품에는 비극적 결말을 암시하는 **복줄**이 곳곳에 깔려 있다.

⬚⬚

앞으로 발생할 사건에 대해 미리 넌지시 비쳐 보이는 일

---

이곳을 지나는 새로운 버스 **노길**이 생겼다.

⬚⬚

교통 수단들이 정해 놓고 다니는 길

# 더 줄 선 한자말

**'줄 선' 한자말을 줄줄이 빼앗기다니.** 그동안 빼앗아간 한자를 아울러 다른
한자말도 만들어 낼 수 있소? 빈칸에 알맞은 한자말을 써 보시오.

경춘선 **겹친 기찻길** 전철이
개통된 뒤 등산객들이
크게 증가하였다.

복　　선
複　線

이제 **승리를**
**결단하는 선**까지
딱 한 바퀴 남았다.

결단할　이길
決　勝　線

저 멀리 **땅과 하늘이 맞닿아**
**이루는 평평한 선**에서
둥근 해가 떠오른다.

땅　평평할
地　平　線

태풍으로 **나라 안 노선**의
여객기 운항이
모두 중단되었다.

나라　안
國　內　線

**높이가 같은 지점을**
**연결한 선**의 사이가 좁은 곳은
경사가 급하다.

무리　높을
等　高　線

테두리를 흰색의
**끊김 없이 이어진 줄**(으)로
그려야 합니다.

열매
實　線

# 능글능글 줄행랑

**능글폰에 뭔가를 저장해 놓고 줄행랑칠까 하오.** 슬라이드 록을 풀어 보시오. 線이 쓰인 세 글자 한자말을 한줄긋기로 만들면 되오. 힌트는 주겠소!

**힌트**

**1**

**流線型**

물 흐르는 선의 모양.
뒤쪽으로 갈수록
뾰족한 꼴

**2**

**對角線**

다각형에서 이웃하지
않는 두 꼭짓점을 잇는
선분

**3**

**線對稱**

가운데 있는 직선을
기준으로 대칭을
이루는 것

**4**

**五線紙**

악보를 그릴 수 있도록
다섯 줄을 그은
종이

딱 보니까, '유'로 시작해서 '지'로 끝나네!

# 옛사람 한자말

**줄곧 지기만 했군.** '줄 선' 한자말도 가져가시옷! 옛사람들의 한자말이오. 빈칸에 알맞은 글자를 써 보시오.

한국전쟁 휴전에 따라서 한반도의 가운데를 가로질러 설정된 군사 경계선.

이건 38선과 달라

休 戰 線

전

어떠한 사건을 일으키게 하는 직접적인 원인.

폭약에 불을 붙이는 심지

導 火 線

도 화

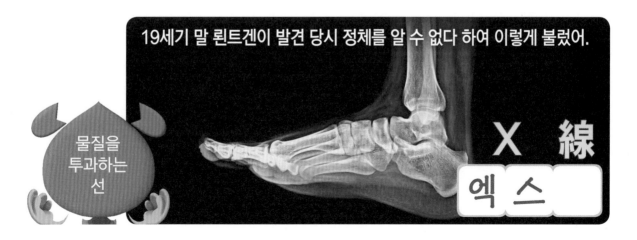

19세기 말 뢴트겐이 발견 당시 정체를 알 수 없다 하여 이렇게 불렀어.

물질을 투과하는 선

X 線

엑 스

정말 대단해! 수고했어! '線' 한자말은 쓸 데가 아주 많아. 잘 챙기자구. '線'의 뜻과 소리를 외면서 한자를 획획 써서 확실히 해 두자.

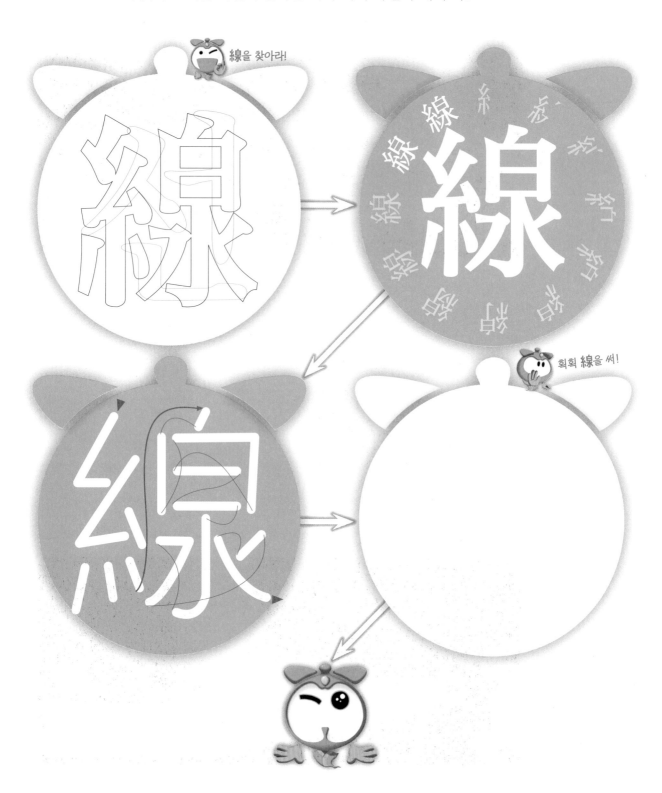

線을 찾아라!

획획 線을 써!

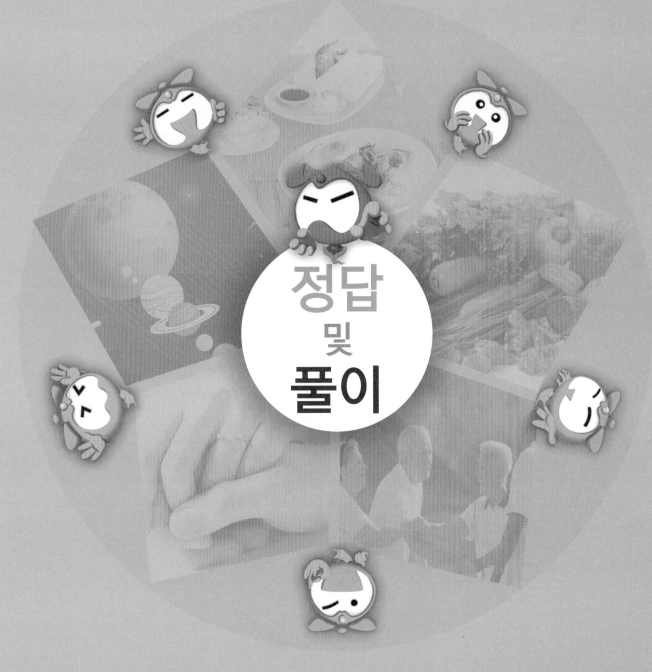

정답
및
풀이

한자 다섯 | 한자 돋보기 | 낱말 및 한자 풀이

# 첫째 주
# 끼니

## 끼니에 대한 한자 다섯

食 — 밥 식
養 — 기를 양
飮 — 마실 음
餘 — 남을 여
和 — 화목할 화

**12쪽**

식, 먹다　　양, 기르다　　음, 마시다
여, 남다　　화, 화목하다

**13쪽**

음　　식　　양　　화　　여

**14쪽**

식　　양　　음　　여　　화

**15쪽**

식, 밥　　음, 마시다　　양, 기르다
여, 남다　　화, 화합하다

**16쪽**

**17쪽**

| 밥식 |  命 | 食 | 合 | 舍 |
| 기를양 | 善 | 着 | 養 | 券 |
| 마실음 | 次 | 歡 | 歌 | 飮 |
| 남을여 | 餘 | 除 | 飮 | 創 |
| 화할화 | 私 | 利 | 秋 | 和 |

**18쪽**

식물　　양복　　음정　　여정　　화장

| 낱말 및 한자 풀이 |

- **식량(食糧)**: 생존을 위하여 필요한 사람의 먹을거리.
- **식수(食水)**: 먹는 용도의 물.
- **식물(植物)**: 생물 중에서 동물과 구별되는 한 무리. 植-심을 식.
- **양분(養分)**: 영양이 되는 성분.
- **양잠(養蠶)**: 누에를 기름.
- **양복(洋服)**: 서양식 옷. 洋-큰 바다 양.
- **음정(音程)**: 높이가 다른 두 음 사이의 간격. 音-소리 음.
- **음주(飮酒)**: 술을 마심.
- **음료수(飮料水)**: 갈증을 풀거나 맛을 즐기기 위한, 주스나 탄산수 따위의 마실 것.
- **여가(餘暇)**: 일이 없어 남는 시간.
- **여력(餘力)**: 어떤 일에 주력하고 아직 남아 있는 힘.
- **여정(旅程)**: 여행의 과정이나 일정. 旅-나그네 려(여).
- **화해(和解)**: 화목하게 어울림.

- **화창하다(和暢하다)**: 날씨나 바람이 온화하고 맑다.
- **화장(化粧)**: 얼굴을 곱게 꾸밈. 化-될 화.

**19쪽**

양계장　　음식점　　여유분　　친화력

**20쪽**

이유식　　시음　　입양　　부조화

| 낱말 및 한자 풀이 |

- **이유식(離乳食)**: 젖을 떼는 시기의 아기에게 먹이는 젖 이외의 음식.
- **결혼식(結婚式)**: 부부의 서약을 맺는 의식. 式 -법 식.
- **무소식(無消息)**: 소식이 없음.
- **방정식(方程式)**: 어떤 문자가 특정한 값을 취할 때에만 성립하는 등식.
- **휴식(休息)**: 하던 일을 멈추고 잠깐 쉼.
- **몰상식(沒常識)**: 상식이 전혀 없음. 識 -알 식.
- **깨달음**: 생각하고 궁리하다 알게 되는 것.
- **자모음(字母音)**: 자음과 모음을 아울러 이르는 말.
- **단모음(單母音)**: 소리를 내는 도중에 입술 모양이나 혀의 위치가 달라지지 않는 모음. 국어의 단모음은 'ㅏ', 'ㅐ', 'ㅓ' 등등이 있다.
- **시음(試飮)**: 술이나 음료수 따위의 맛을 알기 위하여 시험 삼아 마셔 보는 일.
- **한자음(漢字音)**: 한자의 음.
- **태평양(太平洋)**: 유라시아 대륙과 아메리카, 오세아니아 대륙으로 둘러싸여 있는 지구상에서 가장 큰 해양.
- **귀양**: 예전에, 죄인을 먼 시골이나 섬

으로 보내 제한된 곳에서만 살게 하는 형벌.
- **입양(入養):** 양자로 들어감 혹은 양자를 들임.
- **동서양(東西洋):** 동양과 서양을 아울러 이름.
- **게양(揭揚):** 기 따위를 높이 검. 揚-오를 양.
- **무궁화(無窮花):** 아욱과에 속한 낙엽 활엽. 花-꽃 화.
- **부조화(不調和):** 어울리지 않음.
- **실내화(室內靴):** 건물 안에서만 신는 신. 靴-신발 화.
- **초상화(肖像畫):** 사람의 얼굴을 중심으로 그린 그림. 畫-그림 화.
- **전화(電話):** 전화기를 이용하여 말을 주고받음. 話-말씀 화.
- **다문화(多文化):** 한 사회 안에 여러 민족이나 여러 국가의 문화가 혼재하는 것을 이르는 말.

### 21쪽
휴양  여념  화해  음식

|낱말 및 한자 풀이|
- **여념(餘念):** 어떤 일에 대하여 생각하고 있는 것 이외의 다른 생각.

### 22쪽
외식  여력  화음  음주  입양

### 23쪽
어느새 양식이 다 떨어졌다.
식물은 뿌리로 양분을 빨아들입니다.
티셔츠와 바지가 전혀 조화가 안 되는 것 같아.

혜영이는 식사 후 딸기를 먹었다.

|낱말 및 한자 풀이|
- **양식(糧食):** 살아가는 데 필요한 먹을거리. 식량.
- **양식(洋食):** 서양식 음식
- **양식(樣式):** 일정한 모양이나 형식. 樣-모양 양.
- **양분(養分):** 영양이 되는 성분.
- **양분(兩分):** 둘로 가르거나 나눔. 兩-두 량.
- **조화(調和):** 종이, 천. 비닐 따위로 만든 가짜 꽃.
- **조화(造化):** 내막이나 이치를 알 수 없을 정도로 신통하거나 야릇한 일.
- **식사(食事):** 끼니로 음식을 먹음, 또는 그 음식.
- **식사(式辭):** 식장에서 그 식에 대하여 인사로 하는 말. 辭-말씀 사.

### 24쪽
食  김치볶음밥 식으면
和  전화할 화장품
餘  남을 여행이
飮  마실 음료수

### 25쪽
식도락  궁여지책  가화만사성

### 26쪽
食  飮  養  餘  和

## 둘째 주 먹거리

### 먹거리에 대한 한자 다섯

| 穀 | — 곡식 **곡** |
|---|---|
| 果 | — 열매 **과** |
| 粉 | — 가루 **분** |
| 味 | — 맛 **미** |
| 然 | — 그럴 **연** |

### 28쪽
곡  과  분  미  연

### 29쪽
미  곡  연  과

### 30쪽
곡  과  분  미  연

### 31쪽
곡창  과수원  조미료
분말  과연

|낱말 및 한자 풀이|
- **곡괭이:** 괭이의 한 가지.

곡괭이

- **과연(果然):** 아닌 게 아니라 정말로.

- **하소연**: 억울한 일이나 잘못된 일, 딱한 사정 따위를 말함.
- **연장**: 어떠한 일을 하는 데에 사용하는 도구.

## 32쪽
탈곡기　　　청과물　　　분식점
인간미　　　자연석

## 33쪽

## 34쪽
곡선　　곡언　　기분　　미소　　금연

### 낱말 및 한자 풀이
- **곡선(曲線)**: 굽은 선. 曲-굽을 곡.
- **과언(過言)**: 정도에 지나친 말. 過-지날 과.
- **전분(澱粉)**: 감자, 고구마, 물에 불린 녹두 따위를 갈아서 가라앉힌 앙금을 말린 가루.
- **기분(氣分)**: 유쾌, 불쾌 등의 감정을 느끼는 상태.

- **미소(微笑)**: 소리 없이 빙긋이 웃음. 또는 그런 웃음. 微-작을 미
- **미각(味覺)**: 맛을 느끼는 감각.
- **필연(必然)**: 사물의 관련이나 일의 결과가 반드시 그렇게 될 수밖에 없음.
- **당연(當然)**: 일의 앞뒤 사정을 놓고 볼 때 마땅히 그러함. 또는 그런 일.
- **금연(禁煙)**: 담배를 피우는 것을 금함. 煙-연기 연.

## 35쪽
천연색　　　　　　제분소
감미료　　　　　　오곡백과

## 36쪽
오곡　　　무화과　　　소맥분
대자연　　무의미

### 낱말 및 한자 풀이
- **전주곡(前奏曲)**: 19세기 이후의 오페라에서 막이 오르기 전에 연주하는 곡. 또는 어떤 일이 본격화되기 전에 암시가 되는 일을 비유적으로 이르는 말.
- **애창곡(愛唱曲)**: 즐겨 부르는 곡.
- **주제곡(主題曲)**: 영화나 방송 프로그램 따위에서, 작품의 주제나 이미지를 상징적으로 나타내는 악곡.
- **오곡(五穀)**: 쌀, 보리, 콩, 조, 기장의 다섯 가지 곡식.
- **무화과(無花果)**: 무화과나무의 열매.
- **소아과(小兒科)**: 어린아이의 내과적인 병을 전문적으로 진찰·치료하던 의학 분야. 지금은 소아 청소년과로 이름이 바뀌었다. 科-과목 과.

- **피부과(皮膚科)**: 피부에 관한 모든 병을 연구·치료하는 의학 분야.
- **통과(通過)**: 어떤 곳이나 때를 거쳐서 지나감.
- **대부분(大部分)**: 절반이 훨씬 넘어 전체 량에 거의 가까운 정도의 수효나 분량.
- **자양분(滋養分)**: 몸의 영양을 좋게 하는 성분.
- **명분(名分)**: 신분이나 이름에 걸맞게 지켜야 할 도리. 또는 일을 꾀할 때 내세우는 구실이나 이유 따위.
- **소맥분(小麥粉)**: 밀을 빻아 만든 가루.
- **하소연 →** 31쪽 풀이
- **축하연(祝賀宴)**: 축하하기 위한 연회. 宴-잔치 연.
- **대자연(大自然)**: 넓고 큰, 위대한 자연.
- **인연(因緣)**: 사람들 사이에 맺어지는 관계. 緣-인연 연.
- **시치미**: 매의 주인을 밝히기 위하여 주소를 적어 매의 꽁지 속에다 매어 둔 네모꼴의 뿔. 또는 자기가 하고도 아니한 체, 알고도 모르는 체하는 태도.
- **무의미(無意味)**: 아무 뜻이 없음. 意-뜻 의.
- **눈썰미**: 한두 번 보고 곧 그대로 해내는 재주.
- **올가미**: 새끼나 노 따위로 옭아서 고를 내어 짐승을 잡는 장치. 또는 사람이 걸려들게 만든 수단이나 술책.

## 37쪽
곡식　　구미　　결과　　분필

## 38쪽
양곡(糧穀)　돌연(突然)　분진(粉塵)
성미(性味)　효과(效果)

## 39쪽

곡류 **穀** 곡

곡류(穀類)는 탄수화물이 아주 풍부한 식품입니다.

이 하천은 저 산골짜기에서 곡류하여 서쪽으로 흐른다.

과일 **果** 과

그 아이의 두 뺨은 사과처럼 붉었다.

나에게 실수한 일에 대해 그는 한마디 사과도 없었다.

맛 **味** 미

잘 담그고 알맞게 익은 김치는 언제 먹어도 구미를 돋운다.

그는 젊은 시절 구미의 여러 나라를 돌아다녔다.

그럴 **然** 연

왜 공연한 걱정을 하는지 모르겠다.

그는 이번 연극에서 중국 배우와 공연하기로 했다.

### 낱말 및 한자 풀이

- **곡류(穀類)**: 쌀, 보리 등의 곡식
- **곡류(曲流)**: 물이 굽이쳐 흐름.
- **사과(沙果)**: 사과나무의 열매.
- **사과(謝過)**: 자기의 잘못을 인정하고 용서를 빎.
- **구미(口味)**: 입맛.
- **구미(歐美)**: 유럽과 아메리카를 아울러 이르는 말. 예전에는 유럽을 구라파라고 했음.
- **공연하다(公然하다)**: 세상에서 다 알 만큼 뚜렷하고 떳떳하다.
- **공연(公演)**: 음악, 무용, 연극 따위를 많은 사람 앞에서 보이는 일. 演-펼 연.

## 40쪽

오곡백과   돌연변이   무미건조
의미심장   분청사기

분청사기

## 41쪽

공공연한 비밀
흥미진진한 이야기
약과

### 한자 돋보기 | 그 정도면 약과(藥果)

• 약과는 밀가루에 꿀과 기름을 섞어 지져서 과줄판에 박아 찍어낸 과자입니다. 예전에는 잔치에도 많이 썼고 지금은 제사상에 많이 올리지요. 맛이 달고 고소해서 누구나 즐겨 먹으며 그리 딱딱하지 않아서 노인들도 수월하게 먹을 수 있습니다. '그 정도면 약과'라는 표현은 어떤 일의 정도가 생각보다 심하지 않거나 어렵지 않게 해낼 수 있을 때 쓰는 말입니다. '그 정도면 약과를 먹는 일처럼 수월하다.'는 말이 줄어서 된 것이라 볼 수 있지요. 비슷한 말로는 '그 정도면 식은 죽 먹기다'가 있습니다.

## 42쪽

果   味   粉   然   穀

## 셋째 주

### 옷 하나

**옷에 대한 한자 다섯**

衣 — 옷 의
裝 — 꾸밀 장
服 — 옷 복
帶 — 띠 대
着 — 붙을 착

## 44쪽

의, 옷   복, 옷   장, 꾸밈
대, 띠   착, 붙음

## 45쪽

의   복   장   대   착

## 46쪽

의   복   장   착   대

## 47쪽

의류   도복   장신구
착륙   안대

### 낱말 및 한자 풀이

- **의류(衣類)**: 옷에 속한 것들을 통틀어 이르는 말.
- **거의**: 어느 한도에 매우 가까운 정도.
- **결의(決意)**: 뜻을 정하여 마음을 굳게 먹음. 意-뜻 의.
- **복숭아**: 복숭아나무의 열매.
- **복판**: 일정한 공간이나 사물의 한가운데.

- **도복(道服)**: 무도 수련 때 입는 옷.
- **장신구(裝身具)**: 몸치장을 하는 데 쓰는 물건. 반지, 귀고리 따위.
- **장마**: 여름철에 여러 날을 계속해서 비가 내리는 현상이나 날씨. 또는 그 비.
- **장난감**: 아이들이 갖고 노는 물건.
- **착착**: 가지런히 여러 번 접거나 개키는 모양.
- **착륙(着陸)**: 비행기 따위가 땅 위에 내림.
- **빈대떡**: 물에 불린 녹두를 맷돌에 갈아 나물이나 고기 따위를 섞어서 번철에 부쳐 만든 전의 하나.
- **안대(眼帶)**: 눈병에 걸린 눈을 보호하거나 잠을 자기 위해 눈에 거는 띠.
- **무대(舞臺)**: 음악이나 연극, 무용 등을 공연하기 위하여 관람석 앞에 넓고 높직하게 만든 단. 臺-대(단) 대.

**48쪽**

의   복   장   착   대

**49쪽**

**50쪽**

의리   장소   복습   착각   기대

| 낱말 및 한자 풀이 |

- **내의(內衣)**: 속옷
- **의리(義理)**: 사람으로서 마땅히 지켜야 할 도리. 義-옳을 의.
- **의식주(衣食住)**: 살아가는데 필요한 세 가지 기본 요소. 옷, 음식, 집.
- **장소(場所)**: 어떤 일이 이루어지거나 일어나는 곳. 場-마당 장.
- **장식(裝飾)**: 겉모양을 아름답게 꾸밈.
- **정장(正裝)**: 정식의 복장.
- **체육복(體育服)**: 체육을 할 때 입는 옷.
- **교복(校服)**: 학교에서 학생들이 입게 하는 옷.
- **복습(復習)**: 배운 것을 다시 익혀 공부함. 復-다시 복.
- **접착(接着)**: 끈기 있게 붙음. 또는 끈기 있게 붙임.
- **착색(着色)**: 본디 사물의 색이 아닌 다른 색을 내기 위하여 물을 들이거나 색을 칠함.
- **착각(錯覺)**: 어떤 사물이나 사실을 실제와 다르게 잘못 느끼거나 지각함. 錯-어긋날 착.
- **붕대(繃帶)**: 상처나 부스럼 따위를 감싸 매는 데 쓰이는 소독한 천.
- **지대(地帶)**: 자연적, 또는 인위적으로 한정된 일정 구역.
- **기대(期待)**: 어떤 일이 원하는 대로 이루어지기를 바라면서 기다림. 待-기다릴 대.

**51쪽**

의상   양복   흡착
혁대   포장

**52쪽**

**53쪽**

제복   복역   복종   내복약

| 낱말 및 한자 풀이 |

- **제복(制服)**: 학교나 관청, 회사 따위에서 정하여진 규정에 따라 입도록 한 옷.≒유니폼.
- **복종(服從)**: 남의 명령이나 의사에 그대로 따름.
- **복용(服用)**: 약을 먹음.
- **승복(承服)**: 납득하여 따름.
- **복역(服役)**: 병역(兵役) 따위에 종사함. 또는 징역을 삶.
- **작업복(作業服)**: 작업할 때 입는 옷.
- **하복(夏服)**: 여름옷.
- **피복(被服)**: 거죽을 덮어씌움. 또는 그런 물건.
- **내복약(內服藥)**: 바르거나 주사하는 것이 아니라 먹어서 병을 치료하는 약. 알약, 물약, 가루약 따위.
- **항복(降服)**: 싸움에서 진 것을 인정하고 상대에게 굴복함.

**54쪽**

우의   정장   교복
집착   공감대

## | 낱말 및 한자 풀이 |

- **주의(注意)**: 마음에 새겨 두고 조심함.
- **회의(會議)**: 어떤 주제를 두고 여럿이 의논함. 議-의논할 의.
- **우의(雨衣)**: 비옷
- **정장(正裝)** → 50쪽 풀이
- **시장(市場)**: 여러 가지 상품을 사고파는 일정한 장소.
- **환장(換腸)**: 마음이나 행동 따위가 비정상적인 상태로 달라짐. 환심장(換心腸). 腸-창자 장.
- **교복(校服)** → 50쪽 풀이
- **행복(幸福)**: 복된 좋은 운수. 福-복 복.
- **회복(回復)**: 이전 상태로 돌아가거나 원래의 상태를 되찾음. 復-다시 복.
- **포착(捕捉)**: 꼭 붙잡음. 捉-잡을 착.
- **악착(齷齪)**: 일을 해 나가는 태도가 매우 모질고 끈덕짐. 齪-악착할 착.
- **반대(反對)**: 두 사물이 등지거나 서로 맞섬. 또는 그런 상태. 對-대할 대.
- **공감대(共感帶)**: 서로 공감하는 부분.
- **기대(期待)** → 50쪽 풀이

### 55쪽
군복　준비　안대　착색　의류

### 56쪽
상의를　가장하고　복식을
지대는　애착을

### 57쪽
백의종군　가장행렬　휴대전화

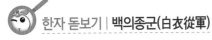
**한자 돋보기 | 백의종군(白衣從軍)**

- 흰옷을 입고 군대를 따른다는 말입니다. 조선시대 장군들은 붉은 소매가 달린 철릭, 전복이나 갑옷 등 화려한 장식이 있는 옷을 입었습니다. 그런데 나라에서 죄를 입어 관직을 삭탈당한 이순신은 보통 병졸로 전쟁에 나가게 되었지요. 이때 나온 말이 백의종군입니다. 흰옷, 백의는 일반 병졸의 처지를 뜻하는 말이지요.

### 58쪽
衣　服　帶　着　裝

# 넷째 주
# 옷 둘

## 옷에 대한 다른 한자 다섯

複 — 겹칠 **복**
製 — 만들 **제**
布 — 베 **포**
衣 — 옷 **의**
初 — 처음 **초**

### 60쪽
복, 겹치다　제, 만들다　포, 베
의, 기대다　초, 처음

### 61쪽
포　복　초　의　제

### 62쪽
복　제　의　초　포

### 63쪽
복합어　유제품　의타심
분포도　애당초

## | 낱말 및 한자 풀이 |

- **복합어(複合語)**: 하나의 실질 형태소에 접사가 붙거나 두 개 이상의 실질 형태소가 결합된 말. 덧신, 짚신 등.
- **한복판**: 복판의 한가운데.
- **수영복(水泳服)**: 수영할 때 입는 옷.
- **제대로**: 마땅하고 알맞은 정도로.
- **유제품(乳製品)**: 우유를 가공하여 만든 식품을 통틀어 이르는 말. 버터, 치즈, 분유, 연유 따위.
- **엊그제**: 바로 며칠 전.
- **의타심(依他心)**: 남에게 의지하려는 마음.
- **탈의실(脫衣室)**: 옷을 갈아입는 방.
- **부주의(不注意)**: 주의하지 않음.
- **포스터(poster)**: 광고나 선전 따위의 대중 전달을 목적으로 제작한 간단한 그림이나 표.
- **분포도(分布圖)**: 조사 대상의 사물들이 퍼져 있는 상태를 나타낸 도표나 지도.
- **엑스포(Expo)**: 세계 여러 나라가 참가하여 각국의 생산품을 합동으로 전시하는 국제 박람회. 1851년 런던박람회를 시발로 5년마다 개최되며, 우리나라에서는 2012년 여수에서 열렸다.
- **초콜릿(chocolate)**: 카카오나무 열매의 씨를 볶아 만든 가루에 우유, 설탕, 향료 따위를 섞어 만든 것.
- **새초롬하다**: 조금 쌀쌀맞게 시치미를 떼는 태도가 있다.
- **애당초(애當初)**: 일의 맨 처음. '당초'를 강조하여 이르는 말.

**64쪽**

초등생    면사포    목제품
복사기    의뢰서

**65쪽**

**66쪽**

면사포    살포    공포

│ 낱말 및 한자 풀이 │

• **배포(配布):** 신문이나 책자 따위를 널리 나누어 줌.
• **반포(頒布):** 세상에 널리 펴서 모두 알게 함.
• **살포(撒布):** 액체, 가루 따위를 흩어 뿌림.
• **사포(砂布):** 물체의 겉면을 갈아 부드럽게 하거나 녹을 문질러 닦는 데에 쓰는 천이나 종이.
• **모포(毛布):** 털 따위로 짜서 깔거나 덮는 데 쓰는 요. 늑담요.
• **폭포(瀑布):** 절벽에서 곧장 쏟아져 내리는 물줄기.
• **분포(分布):** 일정한 범위에 흩어져 퍼져 있음.

• **공포(公布):** 이미 확정된 법률, 조약, 명령 따위를 일반 국민에게 널리 알림.

 **한자 돋보기** │ **布의 뜻과 낱말 들**

• **베:** 면사포, 사포, 모포
• **퍼뜨리다:** 배포, 살포, 분포
• **널리 알리다:** 반포, 공포

**67쪽**

초조    형제    복날    대포    의미

│ 낱말 및 한자 풀이 │

• **초면(初面):** 처음으로 대하는 얼굴. 처음으로 대함.
• **초보(初步):** 어떤 일을 처음 시작하는 단계나 수준 또는 그런 사람.
• **초조하다(焦燥하다):** 애가 타서 마음이 조마조마하다. 焦-탈 초.
• **봉제(縫製):** 재봉틀 따위로 박아 만듦.
• **철제(鐵製):** 쇠로 만듦.
• **형제(兄弟):** 형과 아우. 弟-아우 제.
• **복합(複合):** 두 가지 이상을 하나로 합침.
• **복날(伏날):** 초복, 중복, 말복이 되는 날. 伏-엎드릴 복.
• **복잡하다(複雜하다):** 일이나 감정 따위가 갈피를 잡기 어려울 만큼 여러 가지가 얽혀 있다.
• **살포(撒布)** → 66쪽 풀이
• **대포(大砲):** 화약의 힘으로 포탄을 멀리 내쏘는 무기. 砲-대포 포.
• **공포(公布)** → 66쪽 풀이
• **의뢰(依賴):** 남에게 부탁함.
• **의존(依存):** 남에게 기댐.
• **의미(意味):** 말이나 글의 뜻.

**68쪽**

처음 초(초보자)  기댈 의(의타심)
베 포(포고문)    만들 제(제철소)
겹칠 복(복제품)

 **돋보기** │ **박물관의 복제품**

• 박물관에서 유물을 전시할 때 진품뿐 아니라 복제품도 전시합니다. 유물의 손상이 걱정되거나, 손상된 유물의 본래 모습을 보여주기 위해서지요. 박물관에서 의도를 가지고 엄격한 기준에 따라 진본 유물과 흡사하게 만든 복제품은 replica라고 설명문에 표기합니다. 이런 복제품이 있어 구석기 시대 연천리 주먹도끼, 백제의 금동백제대향로 등을 손으로 만져 볼 수 있지요.

**69쪽**

외제    부직포    중복
귀의    애당초

│ 낱말 및 한자 풀이 │

• **의형제(義兄弟):** 서로 남이지만 친형제처럼 지내기로 약속한 관계.
• **엊그제** → 63쪽 풀이
• **접착제(接着劑):** 두 물체를 서로 붙이는 데 쓰는 물질. 劑-약제 제.
• **외제(外製):** 외국제. 외국에서 만든 물품.
• **기우제(祈雨祭):** 비가 오도록 비는 제사. 祭-제사 제.
• **방향제(芳香劑):** 좋은 향을 가지고 있는 약제를 통틀어 이르는 말.
• **명태포(明太脯):** 명태의 살을 소금으로 간을 맞추어 바싹 말린 반찬. 脯-포 포.
• **단세포(單細胞):** 한 생물체 안에 단 하나의 세포가 있는 것. 아메바, 유글레나, 짚신벌레 등. 胞-세포 포.

- **제물포(濟物浦)**: 인천의 옛 이름. 浦-개 포.
- **엑스포(Expo)** → 63쪽 풀이
- **소포(小包)**: 어떤 물건을 포장하여 보내는 우편. 包-쌀 포.
- **아동복(兒童服)**, **운동복(運動服)**, **체육복(體育服)**, **등산복(登山服)**: 옷의 종류.
- **중복(重複)**: 거듭함, 겹침.
- **복불복(福不福)**: 복분(福分)의 좋고 좋지 않음이라는 뜻으로, 사람의 운수를 이르는 말. 福-복 복.
- **부주의(不注意)** → 63쪽 풀이
- **무성의(無誠意)**: 성의가 없음.
- **지구의(地球儀)**: 지구를 본떠 만든 모형. 지구본. 儀-거동 의.
- **주치의(主治醫)**: 어떤 사람의 병을 맡아서 치료하는 것을 책임진 의사. 醫-의원 의.
- **귀의(歸依)**: 돌아가 몸을 의지함.
- **물망초(勿忘草)**: 지칫과의 여러해살이풀. 草-풀 초.

물망초

- **산호초(珊瑚礁)**: 산호충이 죽어서 쌓여 된 바위. 礁-암초 초.

산호초

- **애당초(애當初)** → 63쪽 풀이
- **감식초(감食醋)**: 감을 숙성시켜 만든 식초. 醋-초 초.

- **양초(洋초)**: 서양식의 초. 동물의 지방이나 석유의 찌꺼기를 정제해 심지를 속에 넣고 만든다.
- **불로초(不老草)**: 먹으면 늙지 않는다고 하는 풀.

## 70쪽

복식(複式)　　　제지(製紙)
포고(布告)　　　연초(年初)

## 71쪽

복합　선포　창제　의뢰　초판

## 72쪽

이번 **처음 初** 우리 박물관 개관 10주년 기념식에는 **초대 大** 관장님을 **초대**하고자 합니다.

내일 **겹칠 複** 중복이라고 삼계탕을 같이 먹자는데 내 생일과 **중복**되어서 어째해야 할 지

안타까운 일이지만 **안들 製** **제지**산업 분야에 진출하려는 계획이 또 **제지**를 당했다. 시장

독재 정권에 항거하는 **기댈 依** **의거**가 잇따라 일어났다. 이는 시민들의 민주주의 정신에 **의거**한 것

### | 낱말 및 한자 풀이 |

- **초대(初代)**: 어떤 계통의 첫 번째.
- **초대(招待)**: 어떤 모임에 참석해 줄 것을 청함. 招-부를 초.
- **중복(中伏)**: 삼복의 하나.
- **중복(重複)** → 69쪽 풀이
- **제지(製紙)**: 종이를 만듦.
- **제지(制止)**: 말려서 하지 못하게 함. 制-절제할 제.

- **의거(義擧)**: 의로운 일을 도모함.
- **의거(依據)**: 어떤 사실이나 원리에 근거함.

## 73쪽

복도　포장마차　봉제인형

### 한자 돋보기 | 복도(複道)

- 건물과 건물 사이에 비나 눈을 맞지 않도록 지붕을 씌워 만든 통로입니다. 벽이 있거나 기둥만 있기도 했지요. 상하 두 겹이라 옷을 겹쳐 입은 듯하여 복도라 했습니다. 지금은 실내의 통로를 뜻하는 말로 많이 쓰지요.

**주랑(柱廊)** 기둥이 세워져 있는 긴 복도

## 74쪽

布　初　依　複　製

# 다섯째 주
## 실

**실에 대한 한자 다섯**

結 — 맺을 **결**

絶 — 끊을 **절**

約 — 맺을 **약**

終 — 마칠 **종**

總 — 모두 **총**

**76쪽**

결, 맺다    절, 끊다    약, 맺다

총, 모두(모든)    종, 마치다

**77쪽**

결    절    약    총    종

**78쪽**

결    절    총    약    종

**79쪽**

결혼    단절    총무

계약서    종착역

- **물결**: 물이 움직여 그 표면이 올라갔다 내려왔다 하는 운동.
- **결혼(結婚)**: 부부관계를 맺음.
- **간결(簡潔)**: 간단하고 깔끔함. 潔-깨끗할 결.
- **절기(節氣)**: 한 해를 스물넷으로 나눈, 계절의 표준이 되는 것. 節-마디 절.

- **절임**: 소금, 장, 술찌끼, 설탕 따위를 써서 절이는 일. 또는 그렇게 한 식료품.
- **단절(斷絶)**: 유대나 연관 관계를 끊음.
- **총알(銃알)**: 총의 탄환. 銃-총 총.
- **장군총(將軍塚)**: 중국 길림성 집안시에 있는, 고구려 때의 돌무덤. 장수왕의 무덤으로 알려져 있다. 塚-무덤 총.

장군총

- **총무(總務)**: 어떤 기관이나 단체의 전체적이며 일반적인 사무. 또는 그 일을 맡아보는 사람.
- **계약서(契約書)**: 계약 성립을 증명하는 서류.
- **뙤약볕**: 여름날에 강하게 내리쬐는 몹시 뜨거운 볕.
- **조약돌**: 작고 동글동글한 돌.
- **종착역(終着驛)**: 기차 따위가 마지막으로 도착하는 역.
- **종달새**: 종다릿과의 새. 봄에 공중에 높이 날아오르면서 운다. =종다리.

종달새

- **종아리**: 무릎과 발목 사이의 뒤쪽 근육 부분.

**80쪽**

절연체    총정리    단결력

종지부    약혼자

**81쪽**

**82쪽**

결정    조절    약자    종류    총명

- **결정(決定)**: 행동이나 태도를 분명하게 정함. 決-결단할 결.
- **결말(結末)**: 어떤 일이 마무리되는 끝.
- **타결(妥結)**: 의견이 대립된 양편에서 서로 양보하여 일을 마무름.
- **절교(絶交)**: 서로의 교제를 끊음.
- **절망(絶望)**: 바라볼 것이 없게 되어 모든 희망을 끊어 버림. 또는 그런 상태.
- **조절(調節)**: 균형이 맞게 바로잡음. 또는 적당하게 맞추어 나감.
- **언약(言約)**: 말로 약속함.
- **기약(期約)**: 때를 정해 약속함. 또는 그런 약속.
- **약자(弱者)**: 힘이나 세력이 약한 사람이나 생물. 또는 그런 집단. 弱-약할 약.
- **종점(終點)**: 기차, 버스, 전차 따위를 운행하는 일정한 구간의 맨 끝이 되는 지점.
- **최종(最終)**: 맨 나중.
- **종류(種類)**: 사물의 부문을 나누는 갈래. 種-씨 종.

- **총동원(總動員)**: 사람, 물자 따위의 모든 역량을 집중시킴.
- **총선거(總選擧)**: 국회의원 전부를 한꺼번에 선출하는 선거.
- **총명(聰明)**: 보거나 들은 것을 오래 기억하는 힘이 있음. 聰-귀 밝을 총.

## 83쪽
결론 근절 요약 종일 총무

## 84쪽
절망　　절경　　절대

## 85쪽
약혼자　총정리　단결력
두절　　종지부

## 86쪽
약속 결과 기절 종일 총동원

### | 낱말 및 한자 풀이 |

- **만약(萬若)**: 혹시 있을지도 모르는 뜻밖의 경우.=만일. 若-같을 약.
- **약속(約束)**: 다른 사람과 앞으로의 일을 어떻게 할 것인가를 미리 정하여 둠. 또는 그렇게 정한 내용.
- **고약하다**: 비위에 거슬릴 정도로 나쁘다.
- **엉겁결**: 미처 생각하지 못하거나 뜻하지 아니한 순간.
- **결정(決定)** → 82쪽 풀이
- **결과(結果)**: 어떤 원인으로 생긴 결말.
- **명절(名節)**: 해마다 일정하게 지키어 즐기거나 기념하는 때. 설날, 추석 등.
- **반나절(半나절)**: 한나절의 반쯤 되는 동안. 곧 하룻낮의 4분의 1에 해당하는 동안.

- **기절(氣絶)**: 정신을 잃음.
- **별종(別種)**: 다른 종류.
- **종일(終日)**: 아침부터 저녁까지의 사이. 終-마칠 종.
- **종이**: 주로 식물성 섬유를 물에 풀어 얇고 평평하게 엉기도록 하여 물을 빼고 말린 것.
- **총명(聰明)** → 82쪽 풀이
- **총동원(總動員)** → 82쪽 풀이
- **총총(悤悤)**: 편지글에서, 끝맺음의 뜻을 나타내는 말. 悤-바쁠 총.

## 87쪽
결사(結社)　결연(結緣)
제약(制約)　결정(結晶)

### | 낱말 및 한자 풀이 |

- **결사(結社)**: 여러 사람이 공동의 목적을 이루기 위하여 단체를 조직함. 헌법에서 '결사의 자유'는 자유권의 하나로서, 자발적으로 계속적인 단체를 조직할 수 있는 자유를 뜻한다. 집회의 자유와 마찬가지로 개별 시민이 자신의 의사를 표현하는 데 필요한 자유이다.
- **결정(結晶)**: 어떤 물질이 공간적으로 일정한 대칭적, 주기적 배열을 가진 다면체의 고체. 또는 애써 노력하여 이루어진 보람 있는 결과를 비유적으로 이르는 말.

## 88쪽
종착역　　결혼식　　절대자
부총리　　예약석

## 89쪽
기절초풍　백년가약　도원결의

## 90쪽
約　　終　　結　　絶　　總

## 여섯째 주
## 실 둘

### 실에 대한 다른 한자 다섯

統 — 거느릴 **통**
續 — 이을 **속**
縮 — 줄일 **축**
細 — 가늘 **세**
斷 — 끊을 **단**

## 92쪽
통, 거느리다　　　　속, 잇다
축, 줄이다　　　　세, 가늘다
단, 끊다

## 93쪽
속　통　세　축　단

## 94쪽
통　속　축　세　단

## 95쪽
통, 거느리다　　　　속, 잇다
축, 줄이다　　　　세, 가늘다
단, 끊다

**96쪽**

통솔   통합   계통

**97쪽**

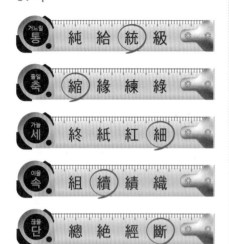

**98쪽**

세상   축하   속도   통과   단점

| 낱말 및 한자 풀이 |

- **세상(世上)**: 사람이 살고 있는 모든 사회를 통틀어 이르는 말. 世-세상 세.
- **세심하다(細心하다)**: 작은 일에도 꼼꼼하게 주의를 기울여 빈틈이 없다.
- **섬세하다(纖細하다)**: 곱고 가늘다. 혹은 매우 찬찬하고 세밀하다.
- **축지법(縮地法)**: 도술로 지맥(地脈)을 축소하여 먼 거리를 가깝게 한다는 술법.
- **수축(收縮)**: 근육 따위가 오그라듦.
- **축하(祝賀)**: 남의 좋은 일을 기뻐하고 즐거워한다는 뜻으로 인사함. 또는 그런 인사. 祝-빌 축.
- **속도(速度)**: 빠른 정도. 스피드. 速-빠를 속.
- **계속(繼續)**: 끊이지 않고 이어 나감.
- **속개(續開)**: 잠시 중단되었던 회의 따위를 다시 계속하여 엶.

---

- **통제(統制)**: 일정한 방침이나 목적에 따라 행위를 제한하거나 제약함.
- **통계(統計)**: 한데 몰아서 어림잡아 계산함. 또는 어떤 현상을 종합적으로 한눈에 알아보기 쉽게 일정한 체계에 따라 숫자로 나타냄. 또는 그런 것.
- **통과(通過)**: 어떤 곳이나 때를 거쳐서 지나감. 通-통할 통.
- **결단(決斷)**: 결정적인 판단을 하거나 단정을 내림.
- **차단(遮斷)**: 액체나 기체 따위의 흐름 또는 통로를 막거나 끊어서 통하지 못하게 함. 또는 다른 것과의 관계나 접촉을 막거나 끊음.
- **단점(短點)**: 잘못되고 모자라는 점. 短-짧을 단.

**99쪽**

후속   축소   단면   세분   통계

**100쪽**

전통   접속   수축   미세   절단

| 낱말 및 한자 풀이 |

- **온통**: 있는 전부.
- **고집불통(固執不通)**: 조금도 융통성이 없이 자기주장만 계속 내세우는 일. 또는 그런 사람.
- **전통(傳統)**: 어떤 집단이나 공동체에서 과거로부터 이어 내려오는 바람직한 사상이나 관습, 행동 따위가 계통을 이루어 현재까지 전해진 것.
- **마음속**: 마음의 속.
- **접속(接續)**: 서로 맞대어 이음.
- **한통속**: 서로 마음이 통하여 같이 모인 동아리.

---

- **저축(貯蓄)**: 절약하여 모아 둠. 蓄-모을 축.
- **수축(收縮)** → 98쪽 풀이
- **축축하다**: 물기가 있어 젖은 듯하다.
- **간접세(間接稅)**: 세금을 납부할 의무가 있는 납세자와 세금을 최종적으로 부담하는 조세 부담자가 다른 조세. 부가가치세·주세·관세 따위의 소비세와 인지세·등록세·통행세 따위의 유통세. 稅-세금 세.
- **미세(微細)**: 분간하기 어려울 정도로 아주 작음.
- **만만세(萬萬歲)**: '만세'를 강조하여 이르는 말. 歲-해 세.
- **절단(切斷)**: 자르거나 베어서 끊음.
- **바짓단**: 바지의 아래 끝을 접어서 감친 부분.
- **야단(惹端)**: 떠들썩하게 벌어진 일. 端-끝 단.

**101쪽**

결단코   대통령   미세먼지
상속자   압축파일

**102쪽**

통치   속출   감축
모세혈관   단식

**103쪽**

## 낱말 및 한자 풀이

- **재단(財團)**: 일정한 목적을 위하여 결합된 재산의 집합. 또는 재단법인의 준말. 團-둥글 단.
- **감축(感祝)**: 감사하고 축하함.
- **영세(領洗)**: (가톨릭)세례를 받는 일. 洗-씻을 세.
- **신축(新築)**: 건물 따위를 새로 만듦. 築-쌓을 축.
- **도통(道通)**: 사물의 이치를 깨달아 통함. 道-길 도.

**104쪽**

수속  세심   체통
축나다  단발

## 낱말 및 한자 풀이

- **수속(手續)**: 어떤 일을 수행하거나 처리하기 전에 거쳐야 할 과정이나 단계.
- **세심하다(細心하다)** → 98쪽 풀이
- **체통(體統)**: 지체나 신분에 알맞은 체면.
- **축나다(縮나다)**: 일정한 수나 양에서 모자람이 생기다. 또는 몸이나 얼굴 따위에서 살이 빠지다.

**105쪽**

단세포  축지법  일도양단

**106쪽**

細  統  縮  續  斷

---

# 일곱째 주
## 실 셋

### 실에 대한 또 다른 한자 다섯

素 — 바탕 **소**
系 — 이어질 **계**
級 — 등급 **급**
給 — 줄 **급**
經 — 지날 **경**

**108쪽**

계, 이어지다  급, 등급
급, 주다  경, 지나다  소, 바탕

**109쪽**

계 급 경 소 급

**110쪽**

계 소 급 경 급

**111쪽**

계 소 경 급 급

**112쪽**

신소재  경로   자연계
급식   계급장

## 낱말 및 한자 풀이

- **신소재(新素材)**: 종래의 재료에는 없는 뛰어난 특성을 지닌 소재를 통틀어 이르는 말.
- **소쿠리**: 대나 싸리로 엮어 테가 있게 만든 그릇.

---

소쿠리

- **경로(經路)**: 지나는 길. 또는 일이 진행되는 방법이나 순서.
- **경기(競技)**: 일정한 규칙 아래 기량과 기술을 겨룸. 또는 그런 일. 競-다툴 경.
- **자연계(自然系)**: 수학, 물리학, 화학, 생물학, 지구 과학 따위의 학문 계통.
- **급식(給食)**: 학교나 공장 등에서 식사를 줌. 또는 그 식사.
- **급류(急流)**: 물이 빠르게 흐름. 또는 그 물. 急-급할 급.
- **급작스레**: 미처 생각할 겨를이 없이 매우 급하게 일어난 데가 있게.
- **계급장(階級章)**: 계급을 나타내기 위해 옷이나 모자 등에 다는 표장.

**113쪽**

| 이을 **계** | 바탕 **소** | 지날 **경** | 줄 **급** | 등급 **급** |
|---|---|---|---|---|
| 紅 | 係 | 結 | (給) | 純 |
| (系) | 細 | (經) | 級 | 給 |
| 絲 | (素) | 絶 | 總 | 紙 |
| 累 | 約 | 統 | 組 | (級) |

**114쪽**

장소 경사 급류 언급 계산

- **평소(平素)**: 평상시.
- **요소(要素)**: 사물의 성립이나 효력 발생에 꼭 필요한 성분. 또는 근본 조건.
- **장소(場所)** → 50쪽 풀이. 所-바 소.
- **경과(經過)**: 시간이 지나감.
- **경사(傾斜)**: 비스듬히 기울어짐. 또는 그런 상태나 정도. 傾-기울 경.
- **신경(神經)**: 체내외의 각종 변화를 중추에 전달하고, 또 중추로부터의 자극을 몸의 각 부분으로 전달하는 기관. 또는 어떤 일에 대한 느낌이나 생각.
- **급류(急流)** → 112쪽 풀이
- **진급(進級)**: 등급·계급·학년 따위가 올라감.
- **수준급(水準級)**: 상당히 높은 수준에 있는 등급.
- **공급(供給)**: 요구나 필요에 따라 물품 따위를 제공함.
- **발급(發給)**: 증명서 따위의 문서를 주는 것.
- **언급(言及)**: 어떤 일에 대하여 말함. 及-미칠 급
- **계열(系列)**: 한 갈래로 이어지는 계통이나 조직
- **계산(計算)**: 수를 헤아림. 計 - 셈 계
- **아시아계(Asia系)**: 아시아 계통의 사람을 뜻함.

## 115쪽
급훈 소재 생태계 공급 경로

## 116쪽

날 줄   지 나 다   경 선   다 스 리 다   책

## 117쪽
경과   경리   경도   대장경

## 118쪽
사서삼경   초급   이산화탄소
배급   신경계

- **요지경(瑤池鏡)**: 확대경이 달린 조그만 구멍을 통하여 그 속의 여러 가지 그림을 돌리면서 들여다보는 장치나 장난감. 또는 알쏭달쏭하고 묘한 세상일을 비유적으로 이르는 말. 鏡-거울 경.
- **불구경**: 화재를 구경하는 일.
- **사서삼경(四書三經)**: 유교에서 『논어』 『맹자』 『중용』 『대학』의 사서와 『시경』 『서경』 『주역』의 삼경을 아울러 이르는 말.
- **성급하다(性急하다)**: 팔팔하고 매우 급하다. 急-급할 급.
- **구급(救急)**: 위급한 상황에서 구해 냄.
- **초급(初級)**: 맨 처음의 등급이나 단계.
- **장소(場所)** → 50쪽 풀이
- **이산화탄소(二酸化炭素)**: 탄소와 산소의 화합물의 하나.

- **청소(清掃)**: 더럽거나 어지러운 것을 치우고 없애 깨끗이 함. 掃-쓸 소.
- **배급(配給)**: 물자를 나누어 줌.
- **긴급(緊急)**: 매우 급함.
- **수준급(水準級)** → 114쪽 풀이
- **기계(機械)**: 동력을 써서 움직이거나 일을 하는 장치. 械-기계 계.
- **신경계(神經系)**: 신경을 구성하는 계통의 기관.
- **시계(時計)**: 시각을 나타내거나 시간을 재는 기계.

## 119쪽

**급수차**   예. 물부터 공급해야지요. 그들에게는 생명(수)니까요. (차)량부터 알아봅시다.

**활력소**   경기장에서 (활)발함이나 뛰어난 능력과 (소)질이 대단한 선수지요.

**경영자**   물론 저는 (경)험은 부족하지만 (영)업 성적은 최고 실적의 소유(자)입니다.

**생태계**   우리 (생)활 때문에 자연의 상(태)와 체(계)가 무너지고 있다고 합니다.

**최상급**   음식도 (최)고이고 서비스도 세(상)에서 제일이라지? 그래서 그 이름은 최고의 (급)장과 같은 것이래.

## 120쪽

- **경위(經緯):** 일이 되어 온 과정이나 경로. 원뜻은 직물의 날(세로실)과 씨(가로실).
- **소지(素地):** 본디의 바탕.
- **급수(給水):** 물을 공급함.

**121쪽**
우이독경  자급자족  은하계

**122쪽**
系    素    級    給    經

# 여덟째 주
## 줄

**줄에 대한 한자 하나**

線 — 줄 선

**124쪽**
직선  점선  곡선  사선  나선

**125쪽**
해안선    포물선    오선지
선충류    엑스선

- **선충류(線蟲類):** 후생동물의 1문으로, 가느다란 원통모양의 끝이 뾰족한 기생충. 소화계가 발달되어 있으며 대부분 소형이다. 십이지장충, 회충, 요충 등 인체내 기생충과 농작물에 피해를 주는 뿌리선충류 등이 있다.

**선충류의 하나인 회충**

**126쪽**
자외선  대각선  제1선  노선

- **자외선(紫外線):** 태양 광선의 스펙트럼을 사진으로 찍었을 때 가시광선의 바깥쪽에 나타나는 전자파를 통틀어 이르는 말. 광화학 반응을 일으키는 따위의 화학 작용이나 생리적 작용이 강하고 살균 작용을 하며, 태양 광선 속의 자외선은 대기 중의 산소 분자에 의하여 대부분이 흡수되어 오존을 만든다. 녹유브이.
- **적외선(赤外線):** 태양 광선의 스펙트럼에서 가시광선의 적색 바깥쪽에 나타나는 광선으로, 가시광선보다 파장이 길며, 눈에는 보이지 않지만 물체에 흡수되어 열에너지로 변하는 특성이 있다.

- **제일선(第一線):** 일이나 계획을 실행하는 데 있어서의 맨 앞장. 원래 뜻은 적과 맞서는 맨 앞의 전선(戰線).

**127쪽**
시선      타선      자오선
가시광선  휴전선

- **자오선(子午線):** 천구 상에서, 천구의 북극 및 남극과 천정의 어떤 지점을 연결한 큰 원. 시각의 기준이 된다. 전 세계의 시각 계산은 영국의 옛 그리니치 천문대를 지나는 자오선에 표준을 잡고 경도 15°마다 1시간씩 표준시를 정한다. 우리나라는 동경 135°의 표준시를 쓰고 있다.
- **가시광선(可視光線):** 인간의 눈으로 느낄 수 있는 보통 광선. 보통 가시광선의 파장 범위는 380~800나노미터(nm)이다. 등적색, 등색, 황색, 녹색, 청색, 남색, 자색의 일곱 가지가 있다.

**128쪽**

길게 이어지는 실
철 길
전깃줄
한계
빛줄기

## 129쪽

## 130쪽

선지해장국　　　선생님　　　버선발
선반

　│ 낱말 및 한자 풀이 │

- **선지해장국(선지解酲국)**: 선지를 넣어
  끓인 해장국.
- **합격선(合格線)**: 시험, 심사, 검사 따위
  에서 통과할 수 있는 최소한의 점수나
  수치적인 한계선.
- **삐딱선(삐딱線)**: 마음이나 생각, 행동
  따위가 바르지 못하고 조금 비뚤어져
  있는 상태를 비유적으로 이르는 말.
- **선생님(先生님)**: 학생을 가르치는 사
  람. 先-먼저 선.
- **도화선(導火線)**: 폭약이 터지게 하기
  위해서 불을 붙이는 심지. 또는 어떠한
  사건을 일으키게 하는 직접적인 원인.
- **탈선(脫線)**: 열차가 선로를 벗어남.
- **결승선(決勝線)**: 달리기 따위에서, 결
  승을 판가름하는 장소에 가로로 치거
  나 그은 선.
- **버선발**: 버선만 신고 신을 신지 않은 발.
- **차선(車線)**: 자동차 도로에 주행 방향을
  따라 일정한 간격으로 그어 놓은 선.

- **자외선(紫外線)** → 126쪽 풀이
- **선반**: 물건을 얹어 두기 위하여 까치발
  을 받쳐서 벽에 달아 놓은 긴 널빤지.

## 131쪽

## 132쪽

먹줄　　　　세로줄

　│ 낱말 및 한자 풀이 │

- **먹줄**: 먹통에 딸린 실줄. 먹을 묻혀 곧
  게 줄을 치는 데 쓴다. 또는 먹줄을 쳐
  서 낸 줄=먹선.

## 133쪽

선짓국　선뜻　우선　선택　생선

　│ 낱말 및 한자 풀이 │

- **선짓국**: 선지를 넣고 끓인 국.
- **선뜻**: 기분이나 느낌이 깨끗하고 시원
  한 모양.
- **우선(于先)**: 어떤 일에 앞서서.
- **선택(選擇)**: 여럿 가운데 필요한 것을
  뽑음. 選-가릴 선.
- **시선(視線)**: 눈이 가는 길.

- **생선(生鮮)**: 말리거나 절이지 않은 잡
  은 그대로의 물고기. 鮮-생선 선.

## 134쪽

자외선(紫外線)　　도화선(導火線)
경의선(京義線)　　유선전화(有線電話)
복선(伏線)　　　　노선(路線)

　│ 낱말 및 한자 풀이 │

- **복선(伏線)**: 소설이나 희곡 따위에서,
  앞으로 일어날 사건을 미리 독자에게
  암시하는 것. 또는 만일의 경우에 대
  비하여 남모르게 미리 꾸며 놓은 일.

## 135쪽

복선　　　결승선　　　지평선
국내선　　등고선　　　실선

## 136쪽

유線형, 대각線, 線대칭, 오線지

## 137쪽

휴전선　　　도화선　　　엑스선

## 138쪽

線